Når kroppen hjælper dig hjem

En visuel og kropsbaseret rejse gennem traumets landskab og heling. Denne bog skal ikke kun læses — den skal mærkes.

af Beritt Bie Lillethorup / BeritTerapi

Kolofon

Første udgave, 2026

Titel: Når kroppen hjælper dig hjem
Undertitel: En visuel og kropsbaseret rejse gennem traumets landskab og heling
Forfatter: Beritt Bie Lillethorup
Illustrationer, omslag og grafisk tilrettelæggelse: Udarbejdet af forfatteren i samarbejde med ChatGPT
Forlag: BoD · Books on Demand
Strandvejen 100
2900 Hellerup
bod@bod.dk
Tryk: Libri Plureos GmbH, Friedensallee 273,
22763 Hamborg, Tyskland
ISBN (tryk): 978-87-4307-319-2
Forfatteren har anvendt AI-værktøjer (ChatGPT) som støtte til sproglig formulering og uddybningsarbejde. Det faglige ansvar samt bogens endelige indhold er udelukkende forfatterens eget.

FSC
www.fsc.org
MIX
Papir fra ansvarlige kilder
Paper from responsible sources
FSC® C105338

Disclaimer

Denne bog er skrevet med henblik på information og inspiration til personlig udvikling. Den kan ikke erstatte psykologisk, psykoterapeutisk eller medicinsk behandling.
Ved alvorlige eller vedvarende symptomer anbefales det at søge hjælp hos en kvalificeret traumeterapeut, psykolog eller læge. I nogle tilfælde kan medicinsk behandling være relevant og nødvendigt.
Bogen henvender sig til mennesker, der ønsker at forstå traumer, belastninger og gentagne mønstre i relationer, samt til fagpersoner, der arbejder med mennesker. Ved alvorlige traumer som vold, overgreb, krig eller grove omsorgssvigt vil der ofte være behov for specialiseret og vedvarende støtte, selvom mange vil kunne genkende kroppens reaktioner og reguleringsprincipper, som beskrives her.
Øvelser og refleksioner er tænkt som støtte til kropslig opmærksomhed, regulering og forståelse. De er ikke behandling og bør ikke stå alene ved vedvarende overvældelse, dissociation, selvskade, selvmordstanker eller markant funktionsnedsættelse.
Hvis reaktioner under læsningen bliver for intense eller svære at regulere alene, anbefales det at holde pause og søge professionel støtte. Heling er ikke et soloprojekt i alle livets faser. Bogen er skrevet med respekt for, at menneskers erfaringer er forskellige i omfang og tyngde, og at heling nogle gange kræver mere, end man kan gå vejen alene.

Dedikation & Tak

Til dig, der bærer smerte, uro eller gamle spor i kroppen — det, der stadig dukker op, selv længe efter livet er gået videre.
Til dig, der arbejder med mennesker, eller studerer det levende felt mellem krop, følelser og relationer — og som søger en viden, der kan mærkes, ikke kun forstås.
Denne bog er tilegnet alle, der længes efter at forstå deres eget nervesystem, møde deres historie med mere klarhed og bevæger sig med mildhed gennem det, der engang blev for svært.
Og til alle de mennesker, der har krydset min vej — klienter, kolleger, undervisere og dem, der stille har delt deres erfaringer med mig:
Tak.
Hver af jer har bidraget med en nuance, en indsigt eller en bevægelse, som har formet denne bog.
Tak til dem, der gav mig mod til at skrive, og til dem, der mindede mig om at lytte,
når ordene skulle lande et øjeblik, før de kunne findes.
Tak til de hænder, hjerter og faglige fællesskaber, der gennem årene har båret, guidet og inspireret mig.
Og tak til mine nærmeste for tålmodighed, ro og kærlighed undervejs i processen.
En særlig tak til mine to børn, som hver dag har været mine vigtigste læremestre i nervesystemets sprog.
I har lært mig om regulering — både jeres egen og

min — om nærvær, grænser og om at finde ro midt i det, der bevæger sig.
Det, jeg skriver om her, er også vokset frem i livet med jer.
Særlig tak til alle de mennesker, jeg har haft æren af at følge i terapirummet.
I har lært mig mere om kroppen, end nogen bog kunne.
Denne bog er formet af jer.
Denne bog blev til i samklang med mange stemmer og bevægelser.
Jeg bærer dem med mig, mens du nu bærer bogen videre.

Faglig anbefaling

Denne bog er en nænsom og fagligt velfunderet bro mellem teori og levet kropslig erfaring.
Den formidler med klarhed, hvordan traumer ikke blot forstås kognitivt, men må mødes og reguleres gennem kroppen og nervesystemet. Med respekt for tempo, tryghed og relation viser den, hvordan heling vokser frem i små, erfarede bevægelser frem for gennem vilje alene.
Et værdifuldt og sanseligt bidrag — både for mennesker med egne traumespor og for fagpersoner, der arbejder med kropsligt forankret udvikling og regulering.

Malene Schiøtz
Traume- og psykoterapeut MPF
Institutleder, KerneDynamisk Praksis

Forord

Denne bog skal ikke kun læses — den skal mærkes. Ordene er ikke skrevet for at blive forstået med hovedet alene, men for at vække noget i kroppen — et åndedræt, et suk, en genkendelse. Heling begynder ikke i forståelsen, men i oplevelsen af at vende hjem til sig selv.

Bogen har ingen rigtig begyndelse og ingen ende. Du kan åbne den hvor som helst og finde noget, der taler til dig netop dér.

Hvert afsnit er en invitation til en stille opdagelse — en lille samtale mellem dig og din krop.

En pause. Et sted at lande.

Jeg har skrevet denne bog ud fra mange års erfaring som psykoterapeut og i mødet med mennesker, der har lært mig, hvordan kroppen taler, beskytter og forsøger at hele.

Og jeg har skrevet den som én, der selv har gået vejen gennem kroppen — fra mange år med vedvarende smerte til en frigørelse, der opstod, da mit nervesystem i tryghed kunne give slip på det, det så længe havde holdt fast i.

Denne bog er ikke skrevet fra et neutralt sted, men fra levet erfaring af, hvordan kroppen finder vejen hjem, når betingelserne er til stede.

Bogen udspringer derfor ikke af teori alene, men af den viden, kroppen igen og igen viser os, når vi lytter længe nok.

Når jeg skriver, at kroppen aldrig har glemt vejen hjem, handler det om den evne, vi alle bærer i os: evnen til at regulere, hele og finde tilbage til balance.
Kroppen har gjort det hele livet — efter sygdom, smerte, chok og tab.
Når vi har været i overlevelse for længe, mister vi tilliden til kroppens rytme.
Vi forsøger at styre og forstå os fri, i stedet for at give plads til den bevægelse, der allerede er i gang under overfladen.
Traume er ikke kun en diagnose. Det er en bevægelse i kroppen, som blev organiseret omkring overlevelse — og som endnu ikke har fået lov at opdatere sin forventning om fare.
Heling handler derfor ikke om at fikse noget, men om at lade bevægelsen finde sin vej igen — langsomt, gennem sansning, kontakt og nærvær.
Dit nervesystem er ikke din fjende.
Det er din beskytter.
Det arbejder hele tiden for at regulere puls, rytme og indre balance.
Se det som, at hjernen er horisonten.
Kroppen er landet —
vinden er åndedrættet.
Når stormen lægger sig, kan noget begynde at gro igen.
Denne bog kan læses fra ende til anden eller åbnes dér, hvor noget i kroppen kalder på opmærksomhed.
Lad ordene lande langsomt.
Lad kroppen vise tempoet.

Heling er ikke en præstation.
Det er en bevægelse.
Nogle kapitler kan vække mere, end du forventer.
Hvis du mærker uro, overvældelse eller afkobling,
så hold pause, mærk tyngde i underlaget ved fødder
eller sæde og vend tilbage i dit eget tempo —
eventuelt sammen med en, du er tryg ved.
Tempo, pauser og behov for støtte er en del af
læsningen og beskrives nærmere senere i bogen.
Denne bog kan åbne døre, men vejen igennem dem
skal gås med omsorg og støtte, når det er nødvendigt.

Læsevejledning

Denne bog er skrevet, så du kan møde den i dit eget tempo.
Nogle læser den fra start til slut. Andre åbner et kapitel, når noget i kroppen kalder på opmærksomhed. Begge dele er lige rigtige.
Du behøver ikke forstå eller huske alt for at læse videre. Hvis noget berører dig, så hold pause.
Lad ordene lande, og mærk, hvad kroppen gør.
Bogen indeholder faglige begreber, som uddybes i ordlisten bagerst. Du kan slå dem op, hvis du vil — eller lade dem stå og fortsætte læsningen.
Øvelserne i bogen er milde invitationer til opmærksomhed og sansning. De er ikke behandling og kan ikke erstatte professionel traumeterapi. Du kan altid stoppe, justere tempoet eller springe en øvelse over.
Kroppen bestemmer.
Hvis du oplever overvældelse, uro, følelsesløshed eller indre afkobling, så hold pause og vend først tilbage, når kroppen har fundet ro.

Ved behov kan det være hjælpsomt at læse sammen med en person, du er tryg ved. Denne bog erstatter ikke professionel behandling, men kan støtte forståelse, kropslig opmærksomhed og refleksion — alene eller som supplement til et terapeutisk forløb.
Heling sker ikke i hast, men i nærvær.

Om bogens faglige ståsted og tilgang

Denne bog hviler på en forståelse af traumer som kroppens og nervesystemets måder at beskytte sig på, når noget bliver for meget. Når belastningen overstiger det, der kan rummes, gør kroppen det, den kan, for at holde sammen. Spænding, uro, afkobling og gentagne mønstre er ikke tegn på svaghed, men spor af noget, der engang var nødvendigt.
Derfor henvender bogen sig også til mennesker, som ikke nødvendigvis passer ind i en diagnose, men som lever med en fornemmelse af aldrig helt at være i ro. Med en krop, der er på vagt. Med noget, der gentager sig — i relationer, i reaktioner, i kroppen.
Bogen er ikke skrevet som en manual.
Og den er ikke tænkt som en behandlingsvejledning.
Den kan ikke — og skal ikke — erstatte psykologisk, psykoterapeutisk eller medicinsk behandling.
Den er skrevet som en kropslig og erfaringsbaseret indføring i regulering, sansning og kontakt.
Som et supplement. Som støtte til forståelse, egenomsorg og en langsom genopbygning af indre sammenhæng.

For nogle vil professionel behandling være nødvendig og hjælpsom som en del af den samlede vej.
Min egen erfaring med Somatic Experiencing — både som klient og som praktiker — har haft afgørende

betydning for bogens tilgang. Det var gennem min egen kropslige proces, efter mange års søgen efter lindring, at det blev tydeligt for mig, at heling sjældent sker gennem indsigt alene. Den sker, når kroppen ikke længere styres af en gammel forventning om fare, men får lov at reorganisere sig i retning af tryghed. Den forståelse genfinder jeg igen og igen i arbejdet med mennesker.

Der findes mange veje i arbejdet med traumer. For nogle er traumefokuseret kognitiv terapi, EMDR eller andre evidensbaserede tilgange hjælpsomme. For andre er kropsbaseret arbejde den primære indgang — eller et nødvendigt supplement til samtaleterapi eller medicinsk behandling. Det afgørende er ikke metoden i sig selv, men om den støtte, man modtager, opleves som meningsfuld, tryg og bæredygtig over tid.

Tilgangen i denne bog tager udgangspunkt i, at forandring ikke primært opstår gennem forståelse alene. Den opstår gennem erfarede kropslige processer, hvor nervesystemet gradvist genfinder fleksibilitet, rytme og kontakt. Regulering ses ikke som noget, man kan beslutte sig til, men som noget, der udvikles over tid — i samspillet mellem sansning, opmærksomhed og relation.

Bogen er inspireret af traumeorienteret psykoterapi og kropsbaserede forståelser af menneskelig regulering og udvikling. Centralt står Somatic Experiencing udviklet af Peter A. Levine, som peger på betydningen af gradvis aktivering og reorganisering af biologiske beskyttelsesreaktioner

Arbejdet bygger på en forståelse af, at nervesystemet formes i samspil med erfaring, og at heling sker gennem nænsom differentiering, kropslig opmærksomhed og fleksibel regulering over tid. Tidligere traumeteoretiske modeller, herunder den polyvagale teori, har haft indflydelse på traumefeltets kliniske udvikling. Denne bog anvender imidlertid ikke polyvagale begreber som primær forklaringsramme. Den neurovidenskabelige forståelse læner sig primært mod nyere affektiv neurovidenskab, interoceptiv forskning og relationel regulering (Schore).
Vagusnerven er én kranienerve med udspring i hjernestammen og flere kerneområder, og langt størstedelen af dens fibre (anslået 80 %) er afferente. Det betyder, at den løbende formidler information om kroppens indre tilstand til hjernen og indgår i den samlede regulering mellem hjerne og krop.
Social orientering og engagement forstås i denne sammenhæng ikke som et særskilt "vagalt system", men som en kompleks og dynamisk hjernetilstand, der opstår i samspillet mellem interoception, relationel erfaring, kontekst og hjernens forudsigende regulering. Nervesystemets organisering betragtes således som et levende og kontinuerligt samspil mellem krop, hjerne, sansning og omgivelser — formet af erfaring og i stand til at ændre sig.

Deep Containment® (Lillethorup, 2026) beskrives i denne bog som en integrativ, klinisk metode under udvikling, forankret i kropsorienteret traumearbejde, relationel regulering og interoceptiv sansning.

Metoden fungerer som en gennemgående klinisk ramme, hvor regulering forstås som gradvis opbygning af indre og relationel bæreevne gennem tryg kontakt, sansning og kapacitetsudvidelse i et tempo, nervesystemet kan integrere. Metoden udfoldes ikke som en manualiseret teknik, men ligger implicit i bogens samlede tilgang, hvor tempo, relationel forankring, sansning og gradvis kapacitetsopbygning udgør det bærende terapeutiske princip.
Deep Containment forstås således ikke som en isoleret teknik, men som en integrativ metode til anvendelse i psykoterapeutisk praksis, særligt i arbejdet med traumer, regulering og relationel bæreevne.

Forståelsen er videre forankret i tilknytningsteori (John Bowlby) samt i udviklingspsykologisk og affektiv neurovidenskabelig forskning, herunder arbejdet af Allan Schore og Ruth Feldman, som viser, hvordan regulering, affekt og følelsesmæssig organisering formes i relation — igen og igen, over tid.
Bogen trækker desuden på NeuroAffective Relational Model (NARM, Laurence Heller) og Compassionate Inquiry (Gabor Maté), som begge bidrager med forståelser af, hvordan tidlige belastninger kan præge selvoplevelse, relationelle strategier og måden, symptomer giver mening på.
Endelig inddrages nyere affektiv neurovidenskab, herunder Lisa Feldman Barretts arbejde med emotion som noget, der formes i samspillet mellem krop, erfaring og kontekst, samt traumeforskning

repræsenteret ved Bessel van der Kolk, der har bidraget til forståelsen af, hvordan overvældende erfaringer kan sætte sig kropsligt og påvirke regulering, hukommelse og relationer
Samlet set bygger bogen på en integreret forståelse, hvor krop, relation, affekt og mening ses som uløseligt forbundne. Heling forstås her ikke som et mål, der skal nås, men som en gradvis genoprettelse af regulering, kontakt og indre sammenhæng.
Hvor der henvises til fysiologiske eller neurobiologiske modeller, sker det med bevidsthed om, at forskningen på flere områder fortsat er under udvikling.
Begreberne bruges som forståelsesrammer — ikke som endelige forklaringer.
Bogen beskriver ikke én metode, men et fælles fagligt ståsted. Et sted, hvor regulering, relation og sansning hænger sammen. Hvor heling ikke fremtvinges gennem vilje eller indsigt alene, men opstår gennem gentagne erfaringer af sikkerhed, kontakt og bevægelse — i et tempo, kroppen kan bære.
Nogle mennesker kommer med erfaringer, hvor kroppen i årevis har måttet holde sammen på meget. Her er tempoet ofte langsommere. Reaktionerne stærkere. Pauserne vigtigere.

Denne bog er skrevet med respekt for netop det og inviterer til nænsom udforskning frem for præstation — trin for trin, i et menneskeligt tempo.

Når det er vigtigt at søge støtte

Der findes situationer, hvor det er vigtigt ikke at stå alene, men at søge støtte hos en kvalificeret fagperson. Det gælder især, hvis dine reaktioner bliver ved, forstærkes eller begynder at begrænse dit liv. Det kan være relevant at søge hjælp hos en terapeut eller psykolog, hvis du oplever:

- Vedvarende frys, kollaps eller følelsesløshed
- Tilbagevendende flashbacks eller overvældelse
- Stærk skam eller selvbebrejdelse
- Vanskeligheder med at mærke grænser eller behov
- Oplevelser af ikke at være til stede i dig selv
- Tanker om ikke at ville være her

I nogle tilfælde er det også vigtigt at søge lægelig eller psykiatrisk vurdering, særligt hvis du oplever:

- Vedvarende søvnforstyrrelser, alvorlig angst eller depressive symptomer
- Tanker om selvskade eller selvmord
- Markante ændringer i funktion, energi eller virkelighedsoplevelse

At søge hjælp er ikke et tegn på svaghed, men et udtryk for omsorg og ansvarlighed. Forandring sker ofte i relation — i et rum, hvor det, der er svært, kan blive mødt med faglighed, tålmodighed og menneskelig nærhed

Indholdsfortegnelse

Tryghed er ikke noget, der skal forstås.

Tryghed er noget, der bliver mærket.

DEL 1 — Kroppens sprog

Hvor det hele begynder

Her lærer du kroppen at kende, i lyset af traumer. Kroppen taler — også når ordene forstummer. Den registrerer, før tanken fortolker,
og den viser vej gennem åndedræt, puls, spænding og bevægelse.

Krop og sind arbejder ikke adskilt.
Kroppen sanser verden gennem rytme, temperatur, impuls og kontakt,
og disse signaler vækker de følelser og tanker, du senere sætter ord på.

At forstå kroppen er ikke at analysere den, men at lytte til dens sprog — til bevægelsen, til stilheden, til det, der trækker sig sammen, og til det, der åbner.

I denne del nærmer vi os kroppen som den er i sin grundform: ikke som problem eller historie, men som et levende system i konstant bevægelse.

Her lærer du at genkende kroppens signaler som intelligens, ikke som forstyrrelse.
Som pejlemærker, ikke symptomer.

Kroppen husker, men den fortæller først sin historie senere.
Her begynder vi blot med at lytte.

1. Når kroppen husker før du gør

At forstå kroppens loyalitet

Indledning

Lyden i rummet ændrer sig en anelse. En dør lukker en smule for hårdt, og noget under huden trækker sig sammen.

Hænderne stivner i skødet, brystet holder vejret en brøkdel af et øjeblik, og energien samler sig i benene, klar til at rejse sig.

Du ved måske, at du er tryg, og alligevel drejer kroppen sig væk, som om den genkender noget.

Bevægelsen starter, før tanken når frem — et gammelt mønster, der stadig gør sit arbejde.

Det er ikke dramatik.

Det er kroppen, længe efter at tanken er gået videre.

Essens — forståelsen

Traumer lagres ikke først og fremmest som fortællinger, men som reguleringsmønstre i nervesystemet — som spor i åndedræt, muskeltonus og indre beredskab.
Det er kropslig hukommelse — ikke ord og billeder, men spænding, rytme og forventning i kroppen.
Når nutiden minder om det, der engang var overvældende, aktiveres sporene uden din vilje. Ikke for at pine dig, men for at beskytte dig.
Et traume er sjældent selve hændelsen, men den måde kroppen organiserede sig på omkring overlevelse. Problemet opstår, når denne organisering fortsætter, efter faren er forbi.
Heling begynder, når nervesystemet — i en oplevet tryg relation eller fra en indre tryg base — får nye erfaringer, der gør det muligt at opdatere sin forventning om fare.

En lille fortælling

Vita hører nøglen dreje i låsen, og med det samme stivner hendes krop. Blikket går i stå, og en kølig fornemmelse løber ned langs rygsøjlen uden varsel. For få øjeblikke siden stod hun i haven med solen som en varm hånd mod kinden, blomster i hænderne og en stille nynnen fra fuglenes sang om sig. Nu står hun fastfrosset i en ubevægelig stilhed — som om noget gammelt i hende er blevet vækket på et splitsekund. Hendes partner træder ind ad døren, og hun ser på ham med det stivnede blik. Hun forstår ikke, hvorfor kroppen reagerer sådan.
Først langt senere bliver det tydeligt:
Reaktionen handlede ikke om manden foran hende,
men om en anden dør, en anden nøgle,
i et andet rum, for mange år siden,
da hendes stedfar trådte ind.
Det var ikke tanken, der huskede.
Det var kroppen.
Hvis du under læsningen mærker stærk uro,
overvældelse eller genkendelse,
kan det være hjælpsomt at søge støtte
hos en kvalificeret fagperson.
Nogle processer har brug for at blive
holdt i relation og i et tempo, der føles trygt.

Øvelse — Mød kroppens første reaktion

Denne øvelse er en invitation — uden pres. Start i et neutralt eller trygt sted i kroppen. Hold pauser, justér eller stop, hvis kroppen siger fra.

Sæt dig et sted, hvor du kan sidde uden at holde dig selv oppe.
Lad hænderne hvile, og mærk vægten falde ned mod underlaget.
Ret ikke noget på åndedrættet;
lad det være, som det er.

Læg mærke til det første, kroppen gør.

Måske spænder den til,
måske åbner den en anelse,
måske kommer der et suk, du ikke besluttede.

Lad reaktionen få lov at være uforstyrret.
Bliv i det nogle åndedrag.
Ikke for at ændre noget —
men for at mærke det, der allerede sker.

Samtale med dig selv

- *Hvornår reagerer din krop hurtigere end tanken?*
- *Hvilke gamle strategier gentager kroppen for at beskytte dig?*
- *Hjælper din reaktion dig i nuet — eller gentager den et gammelt mønster?*

Der findes ikke rigtige svar. Spørgsmålene er kun tænkt som støtte til at orientere dig — ikke til at vurdere dig.

Integration — Når kroppen bliver din allierede

Når du ophører med at bekæmpe din reaktion, kan kroppen endelig slippe sit greb.
Det, der føles som uro, kan vise sig at være en beskyttelse, der stadig arbejder ud fra gamle betingelser.
Når kroppen mærker, at du lytter, begynder den at stole på, at den ikke står alene.
Når du begynder at stole på kroppen, begynder kroppen at stole på dig.
Tag et øjeblik, før du læser videre.

Faglig note

Kroppen registrerer verden, før tanken når at forstå den. Før vi genkender, husker eller forklarer, har nervesystemet allerede justeret puls, spænding og opmærksomhed. Denne løbende, ubevidste vurdering af sikkerhed, relevans og kropslig tilstand er beskrevet i neurovidenskaben som automatiske regulerings- og interoceptive processer, der organiserer organismens respons i øjeblikket (Craig).

Den implicitte hukommelse farver derefter oplevelsen med genkendelse og forventning. Når nuværende sansninger minder om tidligere belastninger, kan kroppen reagere, som om faren stadig er til stede. I traumeforståelsen beskrives dette som aktivering, der er blevet stående i kroppen — mønstre af spænding, åndedræt og beredskab, der fortsat organiserer sig omkring tidligere erfaringer snarere end den aktuelle situation (Levine; van der Kolk).

Regulering opstår, når kroppen får nye erfaringer af sikkerhed gennem rytme, bevægelse og kontakt. Over tid kan beredskabet justeres, og forskellen mellem fortid og nutid bliver sanselig og mærkbar (Schore). Under spændingen ligger en beskyttelse, der engang var nødvendig — og under beskyttelsen findes den bevægelse, som igen kan få lov til at folde sig ud.

Kroppen skal ikke repareres, men mødes.

2. Kroppen som vej

Når retningen mærkes indefra

Indledning

Åndedrættet sænker sig, og maven bevæger sig en
anelse fremad, som om kroppen orienterer sig,
før du selv vælger.

Ingen tanke. Bare en lille skiftende impuls, der
mærkes dybt i vævet og breder sig gennem kroppen.

Nogle gange kommer retningen ikke som valg —
men som en bevægelse, der allerede er i gang.

Du mærker den i tyngden, der fordeler sig anderledes,
i et tempo, der finder sit eget leje,
i kroppen, der ved, før du forstår.

Essens — forståelsen

Kroppens signaler er ikke altid entydige. En mavefornemmelse kan både afspejle et aktuelt behov og tidligere erfaringer. Derfor handler kropslig vejvisning om gradvist at skelne mellem beskyttelse, vane og reel orientering — en evne, der vokser med tid og tryghed.

Kroppen er ikke et projekt, men en rytme. Sansninger, spænding og suk peger i en retning.

Efter traumer kan signalerne forvrænges. Grænser bliver uklare, og gamle mønstre kan overdøve det, der faktisk er her. Kroppen forsøger ikke at vildlede dig; den bruger de strategier, den har haft.

En lille fortælling

Da Mikkel skulle vælge mellem to jobtilbud, sad han længe med lister, fordele og logik.
Begge muligheder så fornuftige ud på papiret, og han blev mere forvirret, jo mere han tænkte.
En morgen, mens han sad med kaffen i hånden, gled hans opmærksomhed mod maven.
Den trak sig let sammen, når han forestillede sig det ene job — en lille knude, som han først havde overset.
Da han forestillede sig det andet, skete der noget andet: Åndedrættet faldt en anelse, skuldrene sænkede sig, og en stille varme bredte sig op gennem brystet. Han vidste ikke straks, hvad det betød. Han havde blot lagt mærke til forskellen.
Et par dage senere sagde han ja til det job, der gav den bløde, indre åbning. *Det føltes bare rigtigt i kroppen,* sagde han senere.
Det var ikke tanken, der valgte.
Det var retningen, der allerede var begyndt indefra.

Øvelse — Lad kroppen vise forskellen

Denne øvelse er en invitation — uden pres. Start i et neutralt eller trygt sted i kroppen. Hold pauser, justér eller stop, hvis kroppen siger fra.

Sæt dig et sted, hvor kroppen kan falde lidt til ro.

Sig langsomt:
Jeg elsker at spise… (noget, du holder af).
Mærk den lille bevægelse, der følger ordene — måske
en udvidelse,
varme,
små sommerfugle i brystet
eller spyt i munden,
der gør sig klar til at tage imod.

Sig så den samme sætning om noget,
du ikke bryder dig om.

Lyt efter skiftet:
en lille sammentrækning,
et fladere åndedrag,
en ændret tone i kroppen
eller en rynken på næsen.

Det er ikke ordene,
men svaret under huden,
der viser forskellen.

Hvis kroppen ikke reagerer,
så prøv en anden sætning —
nogle signaler er mere stille
end andre.

Samtale med dig selv

- *Hvilke sansninger mærker du?*
- *Hvor er der lethed, og hvor trækker noget sig sammen?*
- *Hvordan ved du, at du er her — lige nu?*

Der findes ikke rigtige svar. Spørgsmålene er kun tænkt som støtte til at orientere dig — ikke til at vurdere dig.

Integration — Når vejen bliver tydelig

At leve med kroppen som vej kræver langsomhed. Når du følger de små skift — et suk, en rolig puls, en blød åbning, en uro, der peger på noget vigtigt — begynder retningen at vise sig.
Det handler ikke om at vælge rigtigt, men om at være i overensstemmelse med dig selv.
Når du lytter til kroppen, opstår en stille form for tryghed — ikke som koncept — men som puls.

Faglig note

Interoception er sansningen indefra — fornemmelsen af puls, temperatur, muskeltonus, åndedrættets rytme og indre bevægelse. Disse signaler formidles gennem nervesystemets kredsløb og opleves som fornemmelser længe før de bliver til ord. (Craig; Schore).

Når forbindelsen til denne indre sansning er tilgængelig, kan du mærke dig selv tydeligt: hvor du er, hvad der foregår, og hvornår noget er nok. Når forbindelsen er svækket, kan oplevelsen i stedet præges af følelsesløshed og afkobling eller af overvældelse, hvor aktiveringen ikke reguleres, men forbliver i alarmberedskab (van der Kolk).

Interoception udvikles ikke isoleret og styrkes ikke gennem analyse, men gennem sansede erfaringer i kroppen. Langsomme udåndinger, fornemmelsen af tyngde mod underlaget, berøring, blide mikrobevægelser og et stabilt, roligt blik støtter nervesystemet i at genfinde orientering og sammenhæng. I samspil med andre sanser bliver de indre signaler mere nuancerede, og kroppen får lettere ved at skelne mellem alarm og nærvær (Schore).

Når kroppen igen kan mærkes indefra, ændrer signalerne karakter. Det, der før lød som alarm, begynder at fungere som vejledning.

Kroppen registrerer, før vi forstår.

3. Sanserne — porten til nuet

Når nærværet begynder i kroppen

Indledning

Kroppen mærker verden, før tanken gør det. Et skift i lyset, en lyd tæt på. Temperaturen mod huden. Trykket fra gulvet, der bærer dig uden krav.

Sanserne arbejder i det stille og viser dig, hvor du er. Ikke gennem store signaler, men gennem små skift, der åbner rummet omkring dig og forankrer nuet i kroppen.

Når du lader opmærksomheden falde tilbage i det sanselige, bliver det tydeligere, hvad kroppen allerede ved: at ro begynder i det konkrete, i det, der kan mærkes, før det forstås.

At sanse er at komme hjem — i kroppen, der hele tiden har været her.

Essens — forståelsen

Sansningen spirer i nerveenderne i kroppens væv. En farve, en tone, en temperaturforandring, et blik — registreringen sker, før ordene. Pulsen ændrer rytme, musklerne spænder eller slipper, åndedrættet bevæger sig, og kroppen justerer sig i mødet med verden.

Efter traumer kan sansningen blive for skarp, som om verden står for tæt på, eller næsten væk, som om livet opleves bag matteret glas. Begge reaktioner er beskyttelse, ikke fejl.

Når sansning får lov at vende tilbage langsomt, uden analyse, uden krav, åbner kroppen døren til nuet igen.

Et lysfald. En duft. En hud mod stoffet.

Det er her, livet begynder at mærkes.

En lille fortælling

Jonas gik tur i parken, men han var ikke rigtig til stede. Tankerne løb, og kroppen føltes tung som vådt tøj. Så lagde han mærke til noget: duften af våd jord efter nattens regn. Den kom som et stille strejf mod næsen, og hans skuldre sænkede sig en anelse.
I næste øjeblik fløj en hund forbi og gøede højt. Kroppen trak sig straks sammen, som om hele systemet lukkede i.
Han stod stille et øjeblik og vendte blikket tilbage mod jorden foran sine fødder. Duften var der stadig — mild, mørk, genkendelig.
Han trak vejret ind og mærkede, at noget i brystet gav lidt slip. Det var første gang, han forstod, at én sans kunne vække uro, mens en anden kunne give ham et sted at lande.
Han blev stående lidt endnu, lod blikket hvile på de mørke pletter i gruset. Fødderne mærkede underlaget, fast og vådt på samme tid. En kulde i kinderne mindede ham om, at han faktisk var her.

En lille duft,
et lille skift —
og kroppen fandt et øjebliks ro.

Øvelse — Kom hjem gennem én sans

Denne øvelse er en invitation — uden pres. Start i et neutralt eller trygt sted i kroppen. Hold pauser, justér eller stop, hvis kroppen siger fra.

Sæt dig et sted, hvor du kan se noget enkelt:
lys,
skygge,
eller overfladen foran dig.

Lad blikket hvile uden at fokusere skarpt.
Mærk, hvordan kroppen stille falder lidt længere ned i sig selv.
Vælg én sans.
Se lyset.
Hør lyden.
Mærk temperaturen mod huden.

Mærk rytmen i din vejrtrækning,
trykket mod gulvet,
strømningen i benene.
Lad sansningen være det eneste,
der fylder i et par øjeblikke.

Og hvis en tanke dukker op,
så lad sansningen hente dig tilbage —
blidt, som en hånd, der lægger sig på din ryg.

Samtale med dig selv

- *Hvornår træder dine sanser i baggrunden for din bevidsthed?*
- *Hvilke indtryk får dig til at lande?*
- *Hvordan føles det at mærke, før du forstår?*

Der findes ikke rigtige svar. Spørgsmålene er kun tænkt som støtte til at orientere dig — ikke til at vurdere dig.

Integration — Sanserne som bro til livet

Sanserne er ikke et værktøj, men kroppens måde at deltage i verden på. Når du lever gennem dem, bliver relationer blødere og kroppen mindre alene med gamle spor.
Tilstedeværelse opstår ikke i tanken.
Den begynder i kroppen — i mødet med øjeblikkets sansning.
Når kroppen bliver mødt i nuet, stilner fortiden. Der åbner sig et klarere rum, hvor du kan møde dig selv og livet med større nærvær.

Faglig note

Mennesket orienterer sig gennem flere sansesystemer, som tilsammen informerer det autonome nervesystem om, hvad der foregår både udenfor og indefra. Ud over de ydre sanser rummer kroppen også dybere sanser: proprioception, som registrerer muskler og led; Den vestibulære sans orienterer os i forhold til tyngdekraft, bevægelse og balance — og den påvirker samtidig vores indre regulering.; samt *interoception*, som formidler signaler fra puls, åndedræt og indre organer (Craig).

Disse sanselige informationer formidles hurtigt gennem nervesystemet og bearbejdes, før bevidst tænkning er involveret. Når sansningen foregår i rammer, der opleves som trygge, understøttes autonom regulering, og puls og åndedræt kan finde en mere sammenhængende rytme. Dermed bliver kroppen bedre i stand til at skelne mellem tidligere erfaringer og det, der faktisk sker her og nu (Barrett; Schore).

Hvis sanseinput derimod bliver for intense eller mangler støtte, kan kroppen reagere med spænding, årvågenhed, afkobling eller frys. Det er ikke tegn på svaghed, men biologiske beskyttelsesreaktioner, der har til formål at reducere overvældelse og bevare integritet (Levine; Schore).

Sanserne er derfor ikke blot informationskanaler, men portaler til regulering.

Når kroppen mødes med ro, rytme og tryghed, kan den igen finde fodfæste i nuet.

4. Sanser og tanker

At kende forskel på oplevelse og fortolkning

Indledning

Græsset giver efter under fødderne. Luften dufter af varm jord og sommer.
Solen hviler mod huden i et jævnt, roligt lys,
og vinden glider langs kinden i en rytme, kroppen selv finder.
Åndedrættet falder blødt. Brystet løsner sig en anelse, og kroppen hviler i sin egen tyngde, uden at blive holdt på plads.
Så ankommer tanken. Et stille skift, et ord uden stemme, og noget trækker sig sammen under huden.
Sansningen talte først.
Tanken tog over. Og i øjeblikket mellem de to kan du glide væk fra det, kroppen allerede viste dig.
Når kroppen taler sandt, og tankerne begynder at lytte

Essens — forståelsen

Sansning er den rå oplevelse: hjerterytme, varme, tyngde. Den opstår spontant, før mening og konklusion. Tanken kommer bagefter og spørger: Hvad betyder det?

Når tanke og sansning smelter sammen, kan en puls blive til alarm og en bølge af varme til noget, der er galt. Problemet ligger ikke i kroppen, men i den betydning, vi lægger på den.

Kroppen taler i fornemmelser. Tankerne taler i fortællinger. Begge rummer visdom, men de må ikke overtage hinandens plads.

Når vi kan skelne mellem det, vi mærker, og det, vi fortolker, opstår der ro. Ikke fordi sansningen forsvinder, men fordi vi lytter uden at dømme.

En lille fortælling

Maj går en forårsdag i skoven.
Hun mærker den lette brise mod kinden, den bløde tyngde fra jorden og rytmen i sine skridt. Kroppen lander — stille og naturligt.
Pludselig falder en stor gren ned fra et træ ved siden af hende. Hendes system reagerer øjeblikkeligt: et hop til siden, et hurtigt hjerteslag, øjne der spidser sig for at forstå, hvad der skete. Hun kigger på grenen, tager en hånd til brystet og ånder dybt ud. *Puuuhhh!!!*
Roen vender tilbage, næsten på samme sted, hvor den slap. Men ved siden af hende står en ældre kvinde. Hun holder sig til hovedet, kroppen er sammen bøjet, og øjnene er lukkede.

Åh nej... jeg dør, hvisker hun gentagne gange.
Maj lægger en hånd på hendes skulder. *Faren er ovre,* siger hun blidt. Kvinden reagerer ikke, bliver i sine ord.
Maj tager hendes hænder i sine.
Kan du mærke min hånd? — spørger hun stille.
Én gang. To gange.
Til sidst svarer kvinden: *Ja!*
Hun åbner øjnene forsigtigt og ser sig omkring.
Luften er rolig. Skoven står stille. Alt er fint.

Øvelse — Tal i kroppens sprog

Denne øvelse er en invitation — uden pres. Start i et neutralt eller trygt sted i kroppen. Hold pauser, justér eller stop, hvis kroppen siger fra.

Sæt dig et sted, hvor kroppen kan finde lidt tyngde.

Læg en hånd dér, hvor aktiviteten mærkes tydeligst —
bryst,
mave,
hals
eller hænder.

Sig nu det, du mærker, som om du beskrev vejret:
Der er varme i brystet.
Mit hjerte slår hurtigt.
Der er prikken i hænderne.
Bliv i sansningen uden at forklare eller dømme noget.

Når kroppen får lov at være krop, falder noget i dig på plads, og tankerne behøver ikke tage over.
Det væsentlige træder frem,
og resten glider i baggrunden —
som figur og grund,
der hjælper dig tilbage til nærværet.

Samtale med dig selv

- *Hvornår bliver dine tanker vigtigere end kroppen?*
- *Hvordan føles det at blive i sansningen uden at skulle forstå den?*
- *Kan du lade det, der er, få lov at være?*

Der findes ikke rigtige svar. Spørgsmålene er kun tænkt som støtte til at orientere dig — ikke til at vurdere dig.

Integration — Når sanserne får ord uden dom

Når du skelner mellem oplevelse og fortolkning, opstår et stille mellemrum, hvor kroppen kan lande. Du opdager, at mange reaktioner aldrig var farlige — de var blot rytme, energi, liv.
Når du taler til kroppen med venlig præcision, bliver reaktionerne blødere, tankerne mindre hårde, og du møder dig selv, som du ville møde et spædbarn: uden krav, men med varme.
Ro opstår ikke ved at kontrollere kroppen, men ved at lade den blive mødt.

Faglig note

Sansning udspringer i kroppens væv og indgår i de kredsløb, hvor hjernen løbende organiserer kroppens tilstand. Puls, spænding og indre bevægelse registreres og fortolkes som oplevelse, længe før de bliver til ord (Craig; Schore).
Når sansninger beskrives konkret — som at hjertet banker hurtigt — forbliver oplevelsen kropslig og forankret i nuet. Det understøtter regulering gennem rytme, tyngde og blid opmærksomhed. Når sansningen derimod hurtigt fortolkes som fare, aktiveres alarmsystemet, og kroppen reagerer på betydningen snarere end på selve fornemmelsen (Levine; LeDoux).

I gestaltpsykologien og gestaltterapi beskrives evnen til at skifte mellem figur og grund som en regulerende bevægelse (Perls). Det væsentlige får plads, mens resten kan træde i baggrunden. Denne fleksibilitet giver nervesystemet et sted at lande og understøtter selvregulering.

Tænkning formes af kroppens tilstand. Når kroppen er i ro, bliver tankerne mere fleksible. Når kroppen er presset, bliver de snævre og præget af overlevelse.

Kroppen sætter rammen. Tanken udfolder sig inden for den.

5. Når hjerne og krop taler sammen

At finde forbindelsen igen

Indledning

Du sidder stille et øjeblik.

Åndedrættet glider i en blød bue, maven svarer med et lille skift, og brystet ændrer rytme en anelse, som om noget justerer sig indefra.

Det er små bevægelser — næsten usynlige — men de fortæller mere, end tankerne når at indhente.

Lige her, i mellemrummet mellem sansning og forståelse, mødes hjerne og krop i deres fælles arbejde: at holde dig i live, at holde dig samlet, og nogle gange at beskytte dig mod noget, der slet ikke længere er her.

Essens — forståelsen

Hjernen har ingen direkte adgang til verden. Den orienterer sig gennem kroppens signaler: puls, spænding og åndedrættets rytme.
Har kroppen længe levet i alarm, begynder hjernen at forudsige fare, også når livet er stille. Kroppen kan fortsat reagere på gamle forudsigelser, selv når situationen er ny.
Når forudsigelser og nutid ikke stemmer, reagerer kroppen på fortiden, som om den stadig er her.
At finde hjem igen betyder, at hjernen får nye signaler: en dybere udånding, en varme, der breder sig. Kroppen siger: Det er nu. Her begynder heling — i kontakt, ikke i analyse.

En lille fortælling

Liva står i køen i supermarkedet.
Manden foran hende vender sig hurtigt.
Hendes bryst snører sig sammen, og benene spænder.
Reaktionen kommer, før hun når at tænke. Hun bliver stående, mærker gulvet under fødderne.
En varme breder sig langs ribbenene,
hjertet finder en langsommere takt.
Hun lægger mærke til lydene omkring sig — et bånd, der kører, en pose, der rasler, en stemme fra kassen.
Kroppen registrerer rummet igen, hylderne, lyset, afstanden mellem mennesker.
Åndedrættet falder lidt dybere, som om noget slipper sit greb.
Kroppen havde reageret på noget gammelt.
Men denne gang fik den lov at opdage, at hun stod i et supermarked — ikke i sin barndoms gang.
Hun bliver i fornemmelsen et øjeblik mere, uden at skynde sig videre.
Føler vægten i kroppen,
balancen,
den lille ro, der ikke kræver forklaring.
Et nyt kort blev tegnet.
Millimeter for millimeter.

Øvelse — Når kroppen opdaterer kortet

Denne øvelse er en invitation — uden pres. Start i et neutralt eller trygt sted i kroppen. Hold pauser, justér eller stop, hvis kroppen siger fra.

Sæt dig, så kroppen kan hvile i sin egen tyngde.

Mærk tyngden;
i stolen,
i gulvet,
på armlænet

Find ét område, der føles aktivt:
varme,
uro,
tryk
eller pulsslag.
Bliv ved sansningen uden at ændre den.

Mærk nu tyngden igen
Se dig omkring
Lad kroppen registrere, at det er nu.

Samtale med dig selv

- *Hvilke sansninger overser du ofte?*
- *Hvor i kroppen mærker du, at bevægelse holdes tilbage, selv om der er en impuls til bevægelse?*
- *Hvornår føles dine reaktioner ældre end situationen?*
- *Hvad sker der, hvis kroppen får lov at tale først?*

Der findes ikke rigtige svar. Spørgsmålene er kun tænkt som støtte til at orientere dig — ikke til at vurdere dig.

Integration — når viden bliver til nærvær

At være hjemme i dig selv handler ikke om at kontrollere tankerne, men om at lade kroppen være med i samtalen. Når du mærker først og forstår bagefter, tegner hjernen nye kort — kort, der passer til det liv, du lever nu.

Det er ikke dramatisk, men stille: en skulder, der slipper, et åndedræt, der lander, en puls, der falder et par slag.

Når hjerne og krop igen bevæger sig i samme retning, bliver verden mindre truende.

Faglig note

Hjernen er ikke primært reaktiv, men forudsigende. Som Lisa Feldman Barrett beskriver, organiserer den løbende kroppens tilstand ud fra tidligere erfaringer og forventninger til, hvad der vil ske. Ved tidlige belastninger kan disse forudsigelser hælde mod alarm, selv når nutiden er tryg. Kroppen reagerer da, som om fortiden stadig er til stede.

Samtidig sender kroppen konstant interoceptive signaler, som kan nuancere og justere disse forudsigelser, hvis de får lov at blive mærket. Her peger både Gabor Maté og Laurence Heller på, hvordan tab af kontakt med egne signaler kan føre til vedvarende stress og tab af autenticitet, mens genoprettet sansning åbner for regulering og selvkontakt.

Peter Levine beskriver, hvordan autonom aktivering kan fortsætte, selv når faren er forbi, og hvordan små, doserede sansninger kan give nervesystemet ny information om nutidig sikkerhed. Over tid kan sådanne erfaringer gradvist justere organismens autonome beredskab og øge reguleringsfleksibiliteten. Samtidig peger moderne reguleringsforskning på, at kroppen løbende registrerer signaler om sikkerhed og belastning gennem sansning, relation og kontekst, hvilket påvirker autonom regulering, kontakt og oplevet stabilitet (Levine; Barrett; Schore).

I traumearbejde taler man derfor om samspillet mellem (*bottom-up* og *top-down* processer). Kroppen sender signaler opad gennem sansning, puls og bevægelse, mens opmærksomhed, mening og relation virker nedad. Når disse bevægelser begynder at samarbejde, kan regulering opstå.

Kroppen fortæller. Hjernen opdaterer. Nuet får liv igen.

6. Fascia

Kroppens tavse fortæller

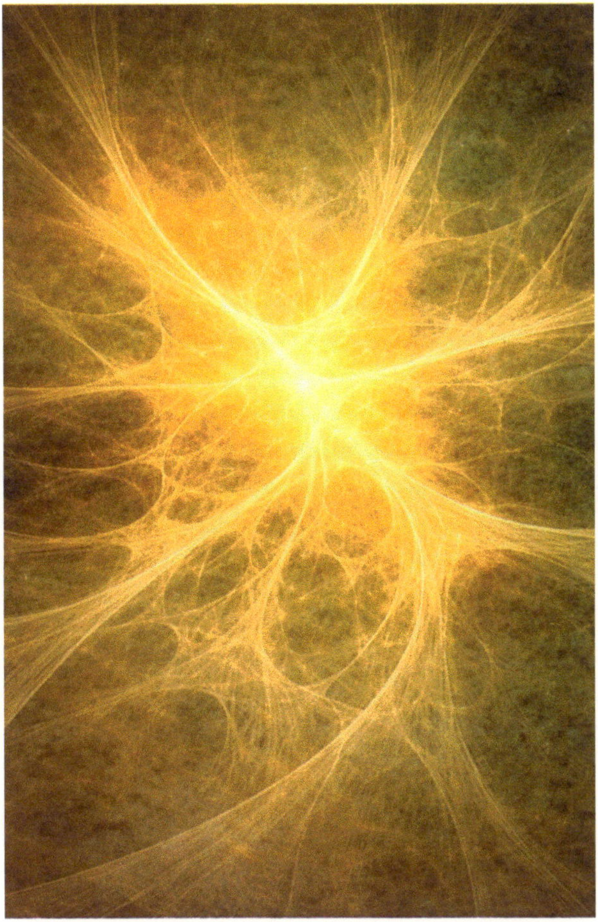

Indledning

Du drejer kroppen en anelse. Vævet under huden følger med i én blød bevægelse, lag der glider mod hinanden som stille, glat silke.

Fødderne møder underlaget med jævn tyngde, og en varme breder sig langs siderne af kroppen, som om noget holder dig samlet indefra.

Der er ingen ord her. Kun små impulser gennem lagene, svar der opstår, før tanken forsøger at forstå. Fascia taler i bevægelse.

Kroppen lytter, længe før du gør.

Essens — forståelsen

Fascia omslutter og forbinder muskler, organer, nerver og knogler. Det er ikke kun støtte, men kommunikation — et levende væv, der bærer, beskytter og sanser.

Når livet presser, trækker vævet sig sammen for at holde dig hel. Lag bliver tættere, glideflader mindre. Ikke som svigt, men som loyalitet: kroppen beskytter dér, hvor du engang ikke blev holdt. Det kan mærkes som stivhed, uro eller træthed, som om kroppen holder vejret under huden.

Når du bevæger dig langsomt — ikke for at strække, men for at lytte — kan vævet begynde at give slip, som sne, der smelter indefra. Vævet afspejler den måde, kroppen organiserede sig på, når ordene ikke var tilgængelige.

En lille fortælling

Oscar skal spille koncert for første gang. Da han træder frem i spotlyset, bliver kroppen pludselig tung og stram — som om en gammel spænding lukker sig om ham indefra og holder ham fast. Det er den samme fornemmelse, han havde til en eksamen engang, hvor han frøs midt i det hele og ikke kunne få fingrene til at bevæge sig.
Nu står han her igen. Fingrene låser, skuldrene løfter sig, og vævet under huden føles som en hård skal, der holder ham samlet ved at holde ham tilbage.
Bandet vender sig om og kigger på ham, men han kan ikke svare med kroppen.
Så glider han vægten en anelse ned i gulvet og mærker tyngden under fødderne. Et lille suk bevæger sig gennem siderne, som om vævet blødgøres en centimeter ad gangen. Fingrene giver efter først — et næsten usynligt slip — og åndedrættet følger bagefter.
Han løfter guitaren igen.
Ikke fordi han tænker sig modig,
men fordi noget i vævet begynder at bevæge sig,
hvor det før holdt fast.

Øvelse — Lyt til det, der svarer indefra

Denne øvelse er en invitation — uden pres. Start i et neutralt eller trygt sted i kroppen. Hold pauser, justér eller stop, hvis kroppen siger fra.

Stå med fødderne i en naturlig bredde,
og lad kroppen finde sin tyngde.

Løft langsomt den ene arm —
så langsomt, at vævet kan nå at registrere bevægelsen.
Stop ved det første subtile *Nej*,
ikke smerte, men en lille indre kant.

Bliv dér.
Mærk lagene under huden svare —
en varme,
en blød modstand,
et næsten umærkeligt suk.
Lad åndedrættet følge rytmen
uden at presse.
Når du sænker armen igen,
mærk forskellen mellem siderne.

Det er ofte i pausen, at vævet begynder at tale.

Samtale med dig selv

- *Hvornår føles kroppen som levende stof, og hvornår som en udrustning?*
- *Kan du skelne mellem spænding, der holder dig oprejst, og spænding, der holder dig inde?*
- *Hvad sker der, når du stopper før smerten — og lytter i stedet?*

Der findes ikke rigtige svar. Spørgsmålene er kun tænkt som støtte til at orientere dig — ikke til at vurdere dig.

Integration — Når kroppen begynder at tale

Når vævet slipper, skabes ikke kun bevægelse, men plads.
Plads til åndedræt.
Plads til følelser.
Plads til dig.
Heling af fascia handler ikke om at tvinge noget i gang, men om langsom nysgerrighed, nærvær og små bevægelser indefra.
Når vævet bliver blødt, glidende og levende igen, bliver kroppen ikke kun stærkere —
den bliver mere sand.

Faglig note

Forskningen i fascia er fortsat under udvikling, og der er ikke fuld enighed om dens præcise rolle i sansning, regulering og hukommelse. Det er dog veldokumenteret, at fascia er et udbredt, sansende bindevæv med rig nerveforsyning, som reagerer på tryk, stræk og bevægelse og står i tæt samspil med nervesystemet (Schleip).

Ved længerevarende belastning kan spændingsmønstre ændre sig. Bevægelsen kan blive mere begrænset og elasticiteten reduceret — ikke som en fejl, men som en beskyttende tilpasning, der skaber stabilitet under pres (Levine).

Forandringerne forstås ikke som bogstaveligt lagrede minder, men som vedvarende mønstre i kroppens respons, regulering og samspil med det autonome nervesystem. Når tempoet sænkes, berøringen bliver blidere og opmærksomheden mere lyttende, kan reguleringen gradvist justeres gennem erfaring og gentagen sansning. Sansningen bliver tydeligere, og bevægelse og spænding får igen større fleksibilitet. Begreber som kropslig hukommelse og fascia anvendes her som forståelsesrammer — forklarende modeller snarere end entydige biologiske mekanismer.

I Somatic Experiencing bruges containment om den regulerende ramme, der gør aktivering mulig at rumme. Fascia kan forstås som en del af kroppens strukturelle og sanselige sammenhæng, der understøtter oplevelsen af stabilitet og containment.

Når kroppen bliver mødt, svarer den med bevægelighed: et dybere åndedræt, varme, mikrobevægelser eller en fornemmelse af tyngde og kontakt. Disse sansninger giver nervesystemet ny information om, at kroppen er her og nu — og hjernen noget nyt at organisere sig ud fra.

Kroppen husker ikke i ord, men i spænding og bevægelse. Når vævet får lov at svare, begynder historien at ændre form."

7. Kroppens indre rytme

Når systemerne begynder at lytte til hinanden

Indledning

Maven bevæger sig i langsomme bølger, som om kroppen fortsætter natten uden dig.

Brystkassen løfter sig i små skift, og åndedrættet finder sin egen vej ind og ud.
Hjertet slår en anelse hurtigere end før, ikke i alarm — bare opmærksomt.

I skuldrene ligger en rest af spænding, som om noget stadig holder sammen på helheden. Ikke, fordi noget er galt, men fordi kroppen forsøger at koordinere sig selv.

Intet af dette er forkert.
Det er kroppen, der fordeler sine kræfter.
Nogle dage arbejder systemerne hver for sig. Andre dage begynder de at lytte til hinanden. Når det sker, opstår en fornemmelse af sammenhæng — som om noget falder i takt indefra.

Essens — forståelsen

Kroppen består af flere rytmiske systemer, som hele tiden påvirker hinanden: åndedræt, hjerterytme, fordøjelse og muskelspænding. Ingen arbejder alene. Ved belastning forskydes balancen. Ét system tager over, mens andre dæmpes. Kroppen spænder og prioriterer overlevelse. Det er intelligent tilpasning — ikke en fejl. Udfordringen opstår, når denne tilstand bliver stående, efter presset er forbi. Rytmen mister sin fælles takt.

Heling handler ikke om at rette ét system, men om at genoprette samspillet. Når rytmerne igen finder hinanden, vender oplevelsen af sammenhæng og ro tilbage.

En lille fortælling

Thorbjørn sidder i bilen på vej til jobsamtale, og de første sommerfugle er allerede vågnet. Så begynder maven at røre på sig — den velkendte, nervøse strøm, der både kilder og strammer. Hjertet tager farten op, som om det vil hjælpe ham videre, og tanken kommer øjeblikkeligt:
Åh nej... skal jeg nu på toilettet?
Det er ikke panik.
Det er kroppen, der fordeler kræfterne —
tarmen holder igen, fascia strammer til for at samle ham, åndedrættet bliver hurtigere, og hjertet banker for at holde ham skarp.
Intet af det er en fejl. Det er klassisk kamp-flugt-respons — mere ilt til de store muskelgrupper, og en mave, der slipper for at kroppen kan løbe hurtigere, selvom han kun sidder i en bil.
Da han passerer et lille tivoli og får øje på en elefant, bliver han helt opslugt af synet. To sekunder med ren nysgerrighed — og kroppen skifter gear.

Da han er kørt forbi, mærker han det:
en roligere mave,
et dybere åndedrag,
hjertet, der finder sin takt igen.

Øvelse — Lyt til kroppens rytmer

Denne øvelse er en invitation — uden pres. Start i et neutralt eller trygt sted i kroppen. Hold pauser, justér eller stop, hvis kroppen siger fra.

Sæt dig, så kroppen har mulighed for at hvile i sig selv.
Tag kort kontakt til dine fødder.
Lad åndedrættet finde sin rytme uden at ændre det.

Ret opmærksomheden mod én rytme ad gangen:
en bevægelse i maven,
åndedrættets tempo,
hjertets slag,
spændingen i skuldrene,

Læg mærke til, hvordan disse rytmer forholder sig til hinanden.
Er de i samme tempo?
Eller arbejder de forskelligt?
Uden at forsøge at regulere noget,
kan du blot blive nysgerrig på,
om der opstår små justeringer af sig selv.

Måske falder noget til ro.
Måske ikke.
Begge dele er i orden.

Samtale med dig selv

- *Hvornår oplever du, at dine indre rytmer arbejder hver for sig?*
- *Hvornår mærker du glimt af samklang?*
- *Hvordan føles det, når kroppen begynder at samarbejde igen?*

Der findes ikke rigtige svar. Spørgsmålene er kun tænkt som støtte til at orientere dig — ikke til at vurdere dig.

Integration — Den indre rytme

Når tarmen falder til ro,
får åndedrættet mere plads.
Når åndedrættet bliver friere,
finder hjertet en roligere takt, og alarmen dæmpes.

Heling er ikke lineær, men en bevægelse mellem systemer — som musikere, der stemmer deres instrumenter, indtil noget klinger sammen.
Kroppen bliver ikke stille, fordi den holder op med at reagere, men fordi den igen bevæger sig som en helhed.

Faglig note

Organismen indgår i et kontinuerligt samspil via det autonome nervesystem. Regulering er ikke lineær, men en dynamisk og gensidig proces, hvor kropslige signaler og hjernens forudsigelser løbende påvirker og organiserer hinanden (Barrett).

Det autonome nervesystem indgår i reguleringen af kroppens indre balance ved løbende at prioritere, hvor energi og opmærksomhed er mest nødvendig. Aktivering organiseres i hjernens tidlige, ikke-bevidste kredsløb og viser sig som justeringer i puls, åndedræt, muskeltonus og beredskab (LeDoux; Damasio).

I situationer med belastning eller forventning om fare omfordeles ressourcerne automatisk. Kredsløb og muskelberedskab prioriteres, mens fordøjelse, restitution og finregulering midlertidigt nedtones. Denne prioritering er ikke en fejl, men en biologisk organiseret overlevelsesstrategi, der har til formål at sikre funktion under pres (Levine; McEwen)

Lisa Feldman Barrett beskriver denne organisering som hjernens løbende budgettering af kroppens ressourcer. Hjernen forsøger kontinuerligt at fordele energi på en måde, der understøtter overlevelse på både kort og længere sigt, baseret på tidligere erfaringer og forudsigelser om, hvad der vil blive nødvendigt i den aktuelle situation (Barrett).

Hjernens regulering er dermed afhængig af kroppens signaler og kan ikke fungere uafhængigt af sanseinput fra indre tilstande, bevægelse og fysiologiske processer.

Ved gentagen eller langvarig belastning kan denne budgettering komme til at hælde mod alarm og høj aktivering, også når nutiden er relativt tryg. Kroppen reagerer da ud fra fortidens mønstre, fordi nervesystemet fortsat organiserer sig omkring tidligere erfaringer med fare eller overlevelse (Levine).

Regulering opstår i samspillet mellem krop og hjerne, når nervesystemet opdaterer sin forventning om fare og igen organiserer sig omkring tilstrækkelig sikkerhed. I sådanne øjeblikke kan organismens ressourcer fordeles mere fleksibelt mellem kroppens systemer, og reguleringen bevæger sig fra fastlåst prioritering mod større variation og sammenhæng (Barrett; McEwen).

Denne proces sker gennem ændrede betingelser for regulering — herunder tempo, kontakt, sansning og oplevet tryghed.

Når betingelserne bliver trygge nok, kan reguleringen igen bevæge sig.

8. Åndedrættet

Kroppens stille rytme

Indledning

Du sidder stille.

Luften bevæger sig langsomt ind gennem næsen, som en smal bølge, der finder plads bag brystbenet.

Brystkassen løfter sig kun en anelse, ribbenene glider udad i et blødt skift, og udåndingen synker af sig selv, som om kroppen slipper noget, du ikke længere bærer aktivt.

Åndedrættet finder sin egen rytme —
uden styring, uden vilje.

Indimellem opstår en lille pause, et sted hvor alt står stille, som om kroppen lytter indefra.

Det er her bevægelsen begynder:
ikke i kontrollen, men i det øjeblik hvor luften bevæger sig af sig selv og finder vejen hjem gennem dig.

Essens — forståelsen

Når noget påvirker os, mærkes det ofte først i åndedrættet. Det kan blive højt, standse et øjeblik eller næsten forsvinde.
Det samme åndedræt, der engang hjalp dig gennem noget svært, kan senere føles småt og tilbageholdt — ikke som fejl, men som en gammel omsorg.
Når du vender dig mod åndedrættet uden at styre det, begynder det at finde sin egen rytme. Indåndingen åbner nuet. Udåndingen slipper det, der ikke længere skal med.
I pausen mellem dem orienterer kroppen sig igen. Her opstår nærvær — og åndedrættet viser, at du er her, og at det er nok.

En lille fortælling

Ronja er på vej ud af supermarkedet med poserne i hånden, da noget i hende ændrer rytme.
Luften bliver kortere. Hjertet tager tempoet op, blikket sortner og åndedrættet sætter sig højt, som om kroppen leder efter en flugtvej, der ikke findes. Et øjeblik står hun stille ved cykelstativerne — og blot venter.
Men så husker hun noget, hun engang lærte:
Kroppen er foranderlig. Intet bliver stående, som det er.
Hun lægger hånden mod brystet, mærker slagene uden at dømme dem, og lader én udånding falde en anelse længere. Som et lille suk, der forstår hende bedre end hun forstår sig selv. Pulsen falder ikke med det samme, men noget slipper sit greb og langsomt ser hun lyset igen. Luften finder vejen ind igen, blødere end før, og hun mærker fødderne tydeligt mod fliserne.
Kroppen var ikke ved at gå i stykker.
Den bad om at blive mødt.
Og da hun gjorde det, fandt rytmen stille hjem igen.

Øvelse — Find pausen mellem åndedragene

Denne øvelse er en invitation — uden pres. Start i et neutralt eller trygt sted i kroppen. Hold pauser, justér eller stop, hvis kroppen siger fra.

Sæt dig, så maven kan udvide sig frit.
Lad åndedrættet komme,
som det kommer.

Mærk luften bevæge sig gennem næsen
og ned bag brystbenet.

Læg mærke til øjeblikket mellem indånding
og udånding —
den lille pause,
hvor kroppen ikke gør noget,
men alligevel er helt vågen.
Bliv dér et sekund længere,
som om du lytter til en stille bevægelse indefra.

Det er i disse pauser,
at hovedet får et øjebliks hvil.
Lad derefter kroppen fortsætte rytmen
af sig selv.

Samtale med dig selv

- *I hvilke situationer holder du ubevidst vejret?*
- *Hvor i kroppen mærker du åndedrættet, når du ikke forsøger at styre det?*
- *Hvad ændrer sig, når du giver åndedrættet lidt mere plads?*

Der findes ikke rigtige svar. Spørgsmålene er kun tænkt som støtte til at orientere dig — ikke til at vurdere dig.

Integration — når rytmen vender hjem

Åndedrættet har fulgt dig fra begyndelsen og følger dig stadig gennem alt. Når du vender dig mod det med opmærksomhed, forbliver det automatisk — men bliver mere nærværende.
Et lille løft bag brystbenet. En udånding, der føles som at sænke skuldrene indeni. Et suk, der svarer på noget kroppen har båret længe.
For hvert møde med åndedrættet fortæller du kroppen: Du er ikke alene om at bære det her.
Du kan ikke ånde dig væk fra livet, men du kan ånde dig dybere ind i det.

Faglig note

Åndedrættet indgår i kroppens autonome regulering og står i tæt samspil med vagusnerven og hjernestammens kredsløb. Respirationen er både automatisk og viljestyret, og når vejrtrækningen bliver langsom og rytmisk, ændres trykforholdene i brystkassen. Dette aktiverer stræk- og trykreceptorer, hvis signaler formidles via hjernestammen og påvirker puls, muskeltonus og arousal. Forskning i respiration og autonom regulering viser, at rolig og rytmisk vejrtrækning kan understøtte autonom fleksibilitet, reducere fysiologisk spænding og øge hjerterytmevariabiliteten (HRV) — en indikator for reguleringskapacitet (Grossman; Thayer & Lane).

Når åndedrættet får lov at bevæge sig uden pres, understøttes regulering ikke gennem kontrol, men gennem kropslig rytme og sanselig feedback. Samtidig styrkes interoception — evnen til at registrere kroppens indre signaler — hvilket giver hjernen mere præcis information om kroppens tilstand og kan bidrage til at skelne mellem tidligere alarm og nutidig sikkerhed (Barrett; Craig).

Udviklings- og traumeforskning peger på, at regulering over tid formes gennem gentagne erfaringer af rytme, kontakt og oplevet tryghed snarere end viljestyret regulering (Schore; van der Kolk). Når kroppen oplever sig mødt og ikke skal præstere ro, kan åndedrættet gradvist finde sin egen bevægelse igen. Et frit åndedræt fremkaldes derfor ikke — det vender tilbage, når kroppen ikke længere behøver at holde igen.

Rytmen finder sit leje af sig selv, i det øjeblik kroppen mærker, at den ikke skal præstere for at være her.

Når kroppen føler sig mødt, finder åndedrættet selv hjem.

Når du lytter til kroppen,

opstår en stille form for tryghed —

ikke som koncept — men som puls.

DEL 2 — Traumets natur

Når kroppen beskytter

Traumer er ikke kaos, men organisering.

Kroppen forsøger ikke at ødelægge dig — den forsøger at holde dig i live.

Her møder du traumets grundlæggende mekanismer: hvordan kroppen bremser, skærper og trækker sig; hvordan relationel smerte kan blive til skam, skyld og kontrol; og hvordan gamle strategier stadig forsøger at få dig til at høre til.

Reaktioner, der ofte føles som fejl, er i virkeligheden kroppens måde at sige: Jeg passer på dig.

Traume er ikke kun noget, der skete dengang, men noget kroppen fortsat bærer i sin rytme og i sin måde at reagere på.

Heling handler ikke om at afvise historien, men om at lade kroppen gøre bevægelsen færdig — så nutiden igen kan mærkes som nutid.

9. Hvad er et traume?

Kroppens nødbremse

Indledning

Lyden i rummet ændrer sig en anelse.
En stol rammer gulvet hårdt.
En stemme skifter tone.

Noget under huden trækker sig sammen,
som om åndedrættet et øjeblik glemmer at fortsætte.

Skuldrene løfter sig. Maven gør sig mindre.
Blikket finder udgangen, før tanken ved hvorfor.

Det er, som om tiden bøjer sig et øjeblik —
som om kroppen træder et skridt ind i noget, der engang var.

Ikke fordi nuet nødvendigvis er farligt.
Men fordi beskyttelsen husker,
og reagerer hurtigere end ordene.

Dette kapitel introducerer traumet som et biologisk fænomen — ikke som en begivenhed, men som en afbrudt kropslig proces.

Essens — forståelsen

Traume er ikke først og fremmest en historie, men en måde, organismen organiserede sig på under pres. Når noget sker for hurtigt, for voldsomt eller uden tilstrækkelig støtte, kan denne organisering blive stående som spænding, vagtsomhed eller tilpasning. Det er ikke en mental fejl. Det er fysiologisk beskyttelse, der fortsætter sit arbejde. Kamp, flugt, frys eller kollaps kan aktiveres, selv når faren hører fortiden til. Traumer opstår forskelligt.
Nogle knytter sig til en enkelt, overvældende hændelse — et choktraume.
Andre udvikler sig over tid, når regulering, kontakt og gensvar gentagne gange mangler — udviklingstraumer.
Begge former påvirker nervesystemets forventninger til verden og kan skabe mønstre af alarm, tilpasning eller tilbagetrækning — ofte side om side. Heling sker ikke gennem vilje, men gennem nye erfaringer. Når organismen igen registrerer tilstrækkelig sikkerhed, kan reguleringen blive mere fleksibel.
Fortidens organisering mister sin nødvendighed.
Nu er nu.

En lille fortælling

Da Jonas som barn hørte sin fars stemme blive skarp, frøs han et øjeblik. En lille hård knude samlede sig i brystet, og han blev stille, som om kroppen ikke længere vidste, hvor den måtte være — han blev bange. Han følte sig alene i reaktionen, og gråden kom først, da chokket slap en smule. Det var ikke råbet, der satte sig — men fraværet af en hånd, der kunne have hjulpet ham tilbage i ro.
Havde en voksen samlet ham op, lagt en rolig hånd på hans ryg og guidet åndedrættet videre, ville kroppen have lukket cirklen og landet igen.
I stedet lærte Jonas at spænde op og holde vejret i små øjeblikke af usikkerhed.
Som voksen mærker han det stadig som et subtilt sug i maven, når stemningen skifter. Kroppen beskytter fortsat den dreng, der engang stod alene.
Så enkelt kan et traume opstå:
ikke i det, der skete — men i det, der manglede.

Øvelse — Mød kroppens nødbremse

Denne øvelse er en invitation — uden pres. Start i et neutralt eller trygt sted i kroppen. Hold pauser, justér eller stop, hvis kroppen siger fra.

Find et sted, hvor du kan læne dig tilbage.
Luk øjnene, og lad åndedrættet bevæge sig, som det vil.
Mærk, hvor det standser af sig selv —
i halsen,
brystet,
maven
eller længere nede.

Læg en hånd dér, hvor bevægelsen holder igen, som en stille gestus:
Jeg mærker dig!

Ikke for at ændre noget,
men for at være sammen med det,
der holder fast.

Det er ofte først dér,
kroppen slipper lidt —
når den ikke bliver presset,
men mødt.

Samtale med dig selv

- *Hvor i kroppen holder du igen, når noget bliver for intenst?*
- *Hvilke reaktioner fortæller, at du går i alarm, selv, når alt er roligt omkring dig?*
- *Hvad ville kroppen gøre, hvis den ikke længere behøvede at beskytte dig?*

Der findes ikke rigtige svar. Spørgsmålene er kun tænkt som støtte til at orientere dig — ikke til at vurdere dig.

Integration — Når tiden begynder at gå igen

Et suk:
En rystelse.
En kulde, der strømmer.
En varme ned gennem benene.

Det er ikke symptomer —
det er livet, der vender tilbage.

Når kroppen ikke længere lever i fortiden, kan den begynde at være i nutiden. Tiden går ikke, fordi du beslutter det. Den går, når kroppen mærker, at det er overstået.

Faglig note

Traume kan forstås som en tilstand, hvor det autonome nervesystem aktiveres kraftigt uden at genetablere fleksibel regulering. Det kan vise sig som vedvarende mobilisering eller som nedlukning og immobilisering, hvor organismen går i beskyttelse, før bevidst refleksion er mulig. Reaktionen er ikke et valg, men en hurtig, automatisk overlevelsesrespons, organiseret i hjernens tidlige og kropsnære kredsløb, som aktiveres uden for viljens kontrol (LeDoux; McEwen).

Frys kan fremstå som immobilisering med samtidig sympatisk aktivering — en tilstand af høj indre ladning og ydre stilstand. Immobilisering kan også opstå uden forudgående mobilisering, særligt ved tidlige eller relationelle traumer, hvor gentagen mangel på regulerende gensvar former nervesystemets forventninger og stressrespons (Barrett; Schore).

Når reguleringen ikke genfinder sin fleksibilitet, kan organismen blive stående i vedvarende beredskab. Muskeltonus ændres, åndedrættet tilbageholdes, bindevævets spænding øges, og opmærksomheden orienterer sig mod potentielle trusler. Denne tilstand er ikke udtryk for svaghed, men for en biologisk organiseret beskyttelse, der tidligere var nødvendig for overlevelse (Levine; McEwen).

Heling opstår gennem nye erfaringer af sikkerhed, hvor nervesystemet gradvist opdaterer sin respons og genvinder bevægelighed mellem aktivering og ro. I traumearbejde beskrives dette som titrering og pendulering — en nænsom dosering af aktivering og regulering, der understøtter udviklingen af autonom fleksibilitet (Levine).

Når bevægelse og kontakt igen opleves som trygge, mister beskyttelsen sin tidligere nødvendighed.

10. Overlevelsesreaktioner

Når kroppen vælger for dig

Indledning

Døren bliver smækket. Larmen er pludselig, og skuldrene løfter sig, før du opdager det.

En energi suser ind ad døren i en høj og bred skygge,
og blikket glider mod udgangen —
ikke som beslutning, men som refleks.

Noget i kroppen stivner for så at blive tungt.
Tyngden samler sig i brystet og ned i maven,
som om kroppen forsøger at gøre sig mindre mod verden.

Ingen analyse. Ingen plan. Kun en bevægelse,
der vælger for dig, før tanken når at forstå.
Det er ikke en overreaktion. Det er kroppen, der vælger og handler for at beskytte, før du ved, at du har brug for det.

Overlevelse som automatisk bevægelse.

Dette kapitel beskriver kroppens grundlæggende overlevelsesreaktioner, før de bliver til mønstre eller symptomer.

Essens — forståelsen

Når kroppen sanser fare, organiserer den sig, før tanken når frem. Den vurderer i puls og mulighed, ikke i ord. Nogle gange spændes musklerne, og energien retter sig mod det, der truer —
det er kamp.
Andre gange mobiliseres bevægelsen væk —
det er flugt.
Hvis bevægelse ikke opleves mulig, kan kroppen gå i immobilisering. Spændingen kan holdes indeni —
det er frys.
Eller energien kan falde, og kontakten svækkes —
det er kollaps.
Kollaps kan følge efter udmattelse, men kan også ske direkte, når systemet tidligt har lært, at protest ikke fører til hjælp. Disse reaktioner er ikke fejl, men biologisk intelligens. De bliver først belastende, når de fortsætter, selvom faren hører fortiden til. Heling handler om at genskabe bevægelighed og skelne mellem dengang og nu.

En lille fortælling

Da Mads som barn hørte de voksne begynde at diskutere i stuen, blev hans krop stille før hans tanker. En hård lille knude samlede sig i maven, og benene gjorde sig klar, uden at han rejste sig.
Der var flere impulser på én gang — til at løbe væk, sige noget eller gemme sig — men ingen, der kunne finde vej. Han mærkede blot en uro, der trak ham væk indefra.
Det var ikke diskussionen, der satte sig. Det var øjeblikket, hvor han stod alene med sin reaktion, uden en voksen, der kunne lægge en hånd på hans ryg og hjælpe kroppen videre.
Havde nogen mødt ham dér, ville impulsen have fået en afslutning i stedet for at sætte sig fast.
Som voksen mærker Mads det stadig som en automatisk bevægelse: blikket, der søger udgangen, og benene, der strammer en anelse, når stemningen i et rum ændrer sig. Ikke, fordi nuet er farligt, men fordi kroppen stadig forsøger at beskytte ham, sådan som den engang lærte.
Sådan opstår en overlevelsesreaktion:
ikke som dramatik — men som loyalitet.

Øvelse — Mød din primære reaktion

Denne øvelse er en invitation — uden pres. Start i et neutralt eller trygt sted i kroppen. Hold pauser, justér eller stop, hvis kroppen siger fra.

Sæt dig et sted, hvor kroppen kan falde lidt til ro og registrer tyngden i sædet et øjeblik.

Fremkald nu en lille situation,
der udfordrer dig en smule,
kun for at mærke den første impuls,
der viser sig.

Læg mærke til,
hvor bevægelsen starter:
brystet, der vil frem,
ben, der gør sig klar,
åndedrættet, der holder igen,
eller kroppen, der synker.

Placér hånden dér.
Bare et øjebliks nærvær

Når kroppen ikke længere skal forsvare sig,
begynder bevægelsen at ændre sig
af sig selv.

Samtale med dig selv

- *Hvilken strategi lærte du tidligt at bruge?*
- *Hvornår bruger du den stadig, selv når du ikke behøver?*
- *Hvis du havde støtte i nuet, hvilken bevægelse ville kroppen vælge — kamp eller flugt?*

Der findes ikke rigtige svar. Spørgsmålene er kun tænkt som støtte til at orientere dig — ikke til at vurdere dig.

Integration — Når kroppen får valgmuligheder igen

Heling handler ikke om at fjerne reaktionerne.
Det handler om at udvide mulighederne.
Når kamp får plads, bliver den til grænser.
Når flugt får bevægelse, bliver den til handlekraft.
Når frys får støtte, kan sansning og følelse vende tilbage.
Når kollaps mødes med tryghed, kan energien gradvist vende tilbage.
Mange skift er små:
én udånding, en varme i benene, et blik, der bliver.
Sådan viser kroppen, at reguleringen igen er i bevægelse.

Faglig note

Overlevelsesreaktioner organiseres gennem det autonome nervesystem og aktiveres refleksivt under belastning. Kroppen vurderer situationer i mulighed og kapacitet fremfor i sproglig refleksion.

Kamp og flugt indebærer sympatisk mobilisering med øget puls, muskeltonus og opmærksomhed. Frys kan forstås som immobilisering med samtidig høj aktivering, hvor bevægelse hæmmes, og spænding fastholdes (Levine).

Immobilisering kan også opstå uden forudgående mobilisering, særligt ved tidlige eller relationelle belastninger, hvor energi og orientering nedreguleres som beskyttelse mod overvældelse.

Ved vedvarende belastning kan disse mønstre stabiliseres og vise sig som kronisk spænding, uro, træthed eller nedsat kontakt. Regulering og resiliens vedrører nervesystemets kapacitet til igen at bevæge sig fleksibelt mellem aktivering og ro (McEwen; Barrett; Schore).

Fleksibilitet opstår, når kroppen igen kan bevæge sig frit mellem aktivering og ro.

11. Orientering & desorientering

Når kroppen mister sin retning

Indledning

Du træder ind i et rum, og noget i dig begynder at bevæge sig, længe før tanken når med.

Blikket tager små runder. Hovedet følger efter.
Kroppen orienterer sig, næsten umærkeligt.
Som om den spørger:
Hvor er jeg? — og er det her et sted, jeg kan være?

Orientering er kroppens første bevægelse mod verden. En gammel refleks, ældre end ord,
ældre end vilje. Den hjælper os med at finde retning, afstand og kontakt.

Når livet har været uforudsigeligt eller overvældende, kan denne bevægelse ændre karakter.
Nogle begynder at scanne omgivelserne konstant.
Andre mister fornemmelsen af retning og glider ind i en tåget afstand.

Begge dele er måder, kroppen forsøger at beskytte sig på.

Essens — forståelsen

Orientering er nervesystemets måde at skabe overblik og sikkerhed på. Den sker gennem syn, bevægelse og kropsfornemmelse, før tanken når frem. Når den fungerer frit, bevæger blikket sig roligt, kroppen finder sin plads, og der opstår en stille fornemmelse af, at være her.
Ved belastning kan orienteringen blive defensiv, spændt eller fraværende. Det er ikke en fejl, men beskyttelse — en variation af samme overlevelsesmekanisme.
Når orienteringen får lov at vende tilbage i eget tempo, begynder kroppen igen at skelne mellem dengang og nu. Rummet opleves større, opmærksomheden kan hvile, og regulering opstår stille indefra.

En lille fortælling

Karla kører på landevejen. Bilen foran kører for langsomt, og irritationen stiger med det samme. Blikket låser sig fast, kroppen læner sig frem, som om hun kunne skubbe bilen væk med viljen alene. Hun overhaler, men uroen slipper ikke.
Inde i byen sker det igen. En bil drejer uden at blinke, og vreden blusser op. Blikket snævrer ind, tankerne løber, kroppen arbejder hurtigere, end hun selv når at følge med. Pludselig holder hun stille i et kryds. Hun ved ikke helt hvorfor.
Biler passerer.
Lyde og farver flimrer.
Så hører hun sin venindes stemme: *Kører du?*
Hun blinker. Ser sine hænder på rattet. Mærker sædet under sig. Noget falder på plads. Åndedrættet bliver dybere. Rummet træder frem igen.
Et øjeblik har kroppen mistet orienteringen —
og så fundet den tilbage.

Øvelse — At lade orienteringen finde sin rytme

Denne øvelse er en invitation — uden pres. Start i et neutralt eller trygt sted i kroppen. Hold pauser, justér eller stop, hvis kroppen siger fra.

Sæt dig et sted, hvor du kan se rummet omkring dig.

Lad blikket hvile på ét punkt
uden at vurdere det.
Lad så øjnene langsomt bevæge sig videre i en blød bue,
mens hovedet følger med.
Som når landskabet glider forbi et vindue.

Når blikket møder noget,
der føles rart eller neutralt,
så lad det blive dér et øjeblik.

Mærk, om kroppen reagerer:
ændrer åndedrættet sig?
kommer der lidt mere plads?

Afslut med stille at sige:
Jeg ser verden. Og verden ser mig.

Samtale med dig selv

- *Hvornår bliver dit blik hurtigt og søgende?*
- *Hvornår mister du fornemmelsen af retning?*
- *Hvordan føles det, når du igen kan lande i rummet?*

Der findes ikke rigtige svar. Spørgsmålene er kun tænkt som støtte til at orientere dig — ikke til at vurdere dig.

Integration — når orientering vender tilbage

Orientering er ikke noget, du skal lære at gøre rigtigt. Det er en bevægelse, kroppen husker, når betingelserne er til stede. Når omgivelserne opleves som trygge, falder tempoet. Når tempoet falder, kan kroppen igen mærke sig selv — og verden bliver mindre truende. Orientering vender tilbage i små øjeblikke: et blik, der falder til ro, en vejrtrækning, der finder dybde, en fornemmelse af at være her.

Faglig note

Orientering er en grundlæggende funktion i nervesystemet og opstår gennem samspillet mellem syn, hørelse, vestibulær sans, proprioception og små bevægelser i øjne, hoved og overkrop. Ved belastning kan orienteringen præges af alarm eller afkobling. Kroppen kan enten scanne omgivelserne for fare eller miste fornemmelsen af retning og sammenhæng. Pat Ogden beskriver, hvordan manglende mulighed for gradvis orientering kan fastholde defensive mønstre (Ogden). Regulering understøttes, når orienteringen igen får lov at udfolde sig i et roligt tempo og i tilstrækkeligt trygge rammer. Gennem kontakt med omgivelserne og erfaringer af sikkerhed kan nervesystemet gradvist genfinde fleksibilitet (Schore; van der Kolk).

Orientering giver kroppen retning tilbage.

12. Overaktivering og nedlukning

Når kroppen går i alarm — eller lukker ned

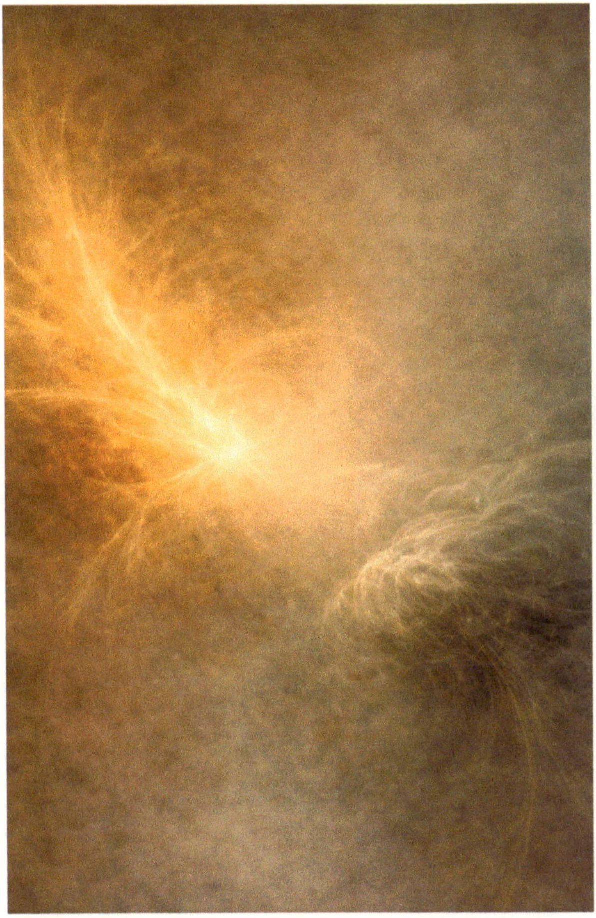

Indledning

Der er dage, hvor kroppen er for hurtig.

Tankerne løber foran dig, blikket springer, og noget i dig står klar, før du selv ved hvorfor.

Og der er dage, hvor alting bliver langsommere.
Som om kroppen lægger låg på.
Farverne dæmpes.
Tiden flyder ud. Du er der — men lidt på afstand.

Begge dele er bevægelser i samme system.
Begge er måder, kroppen forsøger at passe på sig selv.

Dette kapitel ser på, hvordan kroppens energiniveau kan blive for højt eller for lavt, når reguleringen mister fleksibilitet. Når nervesystemet svinger mellem for meget og for lidt.

Essens — forståelsen

Kroppen regulerer sig løbende gennem bevægelse mellem aktivitet og hvile. Når belastningen bliver for stor eller langvarig, kan denne bevægelse forskydes mod yderpunkter.
Ved overaktivering mobiliseres energi. Opmærksomheden skærpes, tempoet stiger, og det kan opleves som uro, spænding eller indre pres.
Ved nedlukning trækkes energien tilbage. Tempoet falder, og forbindelsen til krop og omgivelser kan blive svagere, som træthed, tomhed eller afstand.
Begge tilstande er beskyttelse, ikke fejl. De opstår, fordi kroppen forsøger at regulere sig under pres. Udfordringen opstår, når bevægelsen mellem dem stivner, og fleksibiliteten går tabt.

En lille fortælling

Henrik var soldat i otte måneder. Han så ting, han ikke taler om. Da han kom hjem, var kroppen den samme, men noget i ham var anderledes.

Lyde, der før blot var baggrund, fik ham nu til at fare sammen. Søvnen blev urolig. Den ro, han tidligere kunne finde i hverdagen, var væk. Kroppen blev ved med at være vågen. Parat. Som om noget stadig skulle overvåges.
Han forsøgte at klare det selv.
Det gør man ofte.

Men kroppen reagerede, som om faren stadig var nær — fordi den del af ham, der havde oplevet den, aldrig helt var kommet hjem.
I hverdagen viser det sig som spænding, uro, et konstant beredskab. Nogle gange også som tomhed, en fornemmelse af at stå lidt ved siden af sig selv.

Henrik går i dag i terapi. Han har ord for meget af det, der sker. Alligevel er det ofte kroppen, der reagerer først. Ikke med fortællinger, men med vagtsomhed og behov for kontrol.
De små øvelser i bogen bruger han som støtte mellem samtalerne i terapien. Ikke for at arbejde sig igennem det svære, men for at skabe korte øjeblikke af orientering. Små pauser, hvor kroppen får mulighed for at mærke forskel på dengang og nu.

Nogle gange er forskellen næsten usynlig.
Andre gange viser den sig som et lidt dybere åndedrag, en anelse mere tyngde.
Ikke som en løsning. Men som en bevægelse.
Som et stille tegn på, at noget langsomt er ved at finde sit eget tempo igen.

Øvelse

Denne øvelse er en invitation — uden pres. Start i et neutralt eller trygt sted i kroppen. Hold pauser, justér eller stop, hvis kroppen siger fra.

Læg mærke til din tilstand lige nu.
Er der mest fart, spænding og uro —
eller mest tyngde, træthed og afstand?
Uanset hvad du mærker,
så vælg ét neutralt holdepunkt:
kontakten med stolen,
gulvet,
din vejrtrækning
eller lyden omkring dig.

Bliv dér et øjeblik.
Ikke for at ændre noget,
men for at lade kroppen registrere,
at der er plads.
Måske sker der en lille justering.
Måske ikke.
Begge dele er i orden.

Samtale med dig selv

- *Hvornår mærker du, at dit system går i for højt gear?*
- *Hvornår trækker du dig i stedet tilbage?*
- *Hvordan føles det i kroppen, når du nærmer dig en mere reguleret tilstand?*
- *Hvad hjælper dig — bare en smule — med at blive der?*

Der findes ikke rigtige svar. Spørgsmålene er kun tænkt som støtte til at orientere dig — ikke til at vurdere dig.

Integration — når bevægelsen vender tilbage

Overaktivering og nedlukning er ikke modsætninger, men måder kroppen beskytter sig på. Mange bevæger sig mellem dem.
Regulering handler ikke om at fjerne reaktionerne, men om at genfinde bevægelighed. Med erfaringer af tryghed kan kroppen skifte mere frit.
Reagerer den, som om faren stadig er til stede, er det ikke svaghed, men et nervesystem, der har lært at være på vagt — og som med støtte kan skelne mellem dengang og nu.

Faglig note

Over- og underaktivering beskriver to yderpunkter i det autonome nervesystems regulering. Ved overaktivering ses øget puls, muskelspænding og årvågenhed, mens underaktivering er forbundet med tilbagetrækning, lavere arousal og reduceret energi.

I akutte belastende situationer organiserer nervesystemet sig typisk i kamp, flugt eller immobilisering. Over- og underaktivering kan forstås som reguleringstilstande, der opstår, når systemet bliver stående i en bestemt organisering over tid. Kamp og flugt vil ofte vise sig som vedvarende overaktivering, mens immobilisering kan fremtræde som enten høj spænding (frys) eller mere gennemgribende energifald (kollaps) (LeDoux; McEwen).

Det autonome nervesystem bevæger sig normalt kontinuerligt mellem mobilisering og hvile. Sund regulering er derfor ikke fravær af aktivering, men fleksibilitet — evnen til at øge og sænke arousal i takt med situationens krav (Barrett; McEwen).

Når belastning bliver for intens eller langvarig, kan systemet fastholdes i et af yderpunkterne, og bevægeligheden indskrænkes. Regulering udvikles gennem samspillet mellem krop, opmærksomhed og relation, hvor tempo, sansning og kontakt gradvist hjælper nervesystemet til igen at bevæge sig frit mellem aktivering og ro (Schore; van der Kolk).

Regulering er evnen til at bevæge sig mellem yderpunkter uden at miste sammenhæng.

13. Overkobling og underkobling

Når forbindelser strammer — eller slipper

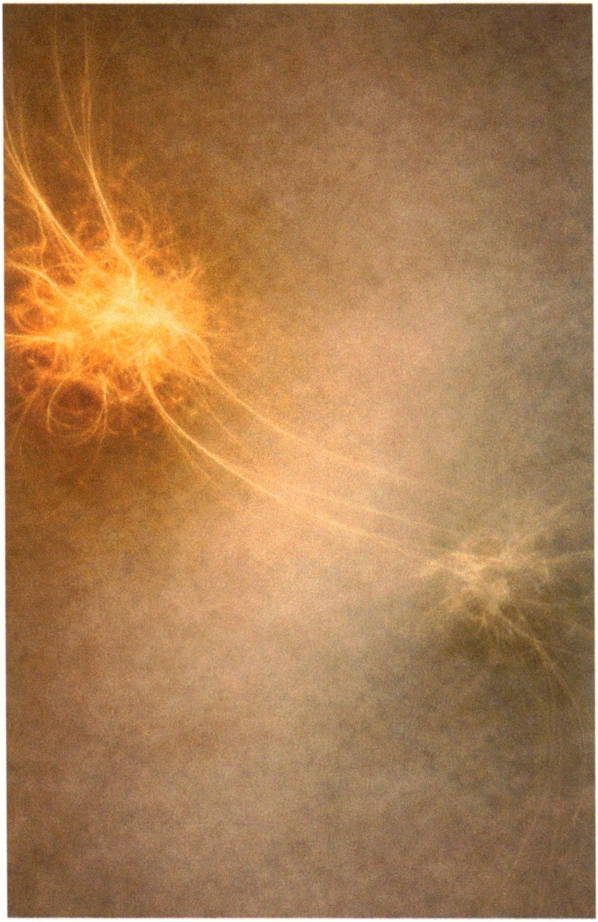

Indledning

Der er øjeblikke, hvor alt i dig hænger for tæt sammen. En tanke sætter gang i en reaktion, før du når at mærke den.
Et blik,
en tone,
en bevægelse —
og kroppen er allerede i gang.

Og der er øjeblikke, hvor forbindelsen glider væk.
Som om noget slipper grebet.
Du er der, men ikke helt.
Lyde dæmpes, fornemmelser bliver fjerne,
og verden føles længere væk.

Begge bevægelser hører til i det samme landskab. De er ikke modsætninger, men variationer i, hvordan kroppen forsøger at skabe sammenhæng og beskyttelse.

Essens — forståelsen

Overkobling og underkobling beskriver måder, hvorpå sansning, følelse og mening kan hænge for tæt sammen — eller for løst. Det handler ikke om mængden af energi, men om graden af forbindelse mellem det, der mærkes, og det, der forstås.
Ved overkobling smelter sansning, følelse og fortolkning sammen, så reaktioner opstår hurtigt og intenst, uden afstand. Ved underkobling løsnes forbindelserne; oplevelsen kan føles tom, fjern eller uklar, som om noget ikke helt når frem.
Begge former er beskyttende tilpasninger under belastning. Udfordringen opstår, når forbindelserne bliver fastlåste, og bevægeligheden mellem nærhed og afstand går tabt.

En lille fortælling

Anna sidder stille. Ikke fordi der er ro, men,
fordi kroppen holder sig samlet.
Indeni er der bevægelse — en trang til at række ud,
forklare, skabe kontakt. Samtidig trækker noget sig
tilbage. Som to bevægelser i samme krop, der ikke
helt kan mødes.
Hun mærker spændingen i brystet, tyngden i maven.
Åndedrættet bliver lavere, mere forsigtigt.
Ikke af modvilje, men af hensyn.
Det er sådan kroppen passer på: ved at skrue ned,
holde igen, dæmpe det, der ellers kunne blive for
meget. Overkoblingen viser sig ikke som uro, men som
anstrengelse.
Som en stille vilje til at fungere, være samlet, være
rigtig — selv når noget indeni længes efter at give slip.
Et øjeblik lader Anna opmærksomheden falde til
stolen under sig. Til vægten. Til det, der bærer.
Der sker ikke en synlig forandring.
Men noget får lidt mere plads. Ikke fordi det er løst,
men, fordi kroppen ikke længere behøver at holde
alting alene.

Øvelse — at mærke graden af forbindelse

Denne øvelse er en invitation — uden pres. Start i et neutralt eller trygt sted i kroppen. Hold pauser, justér eller stop, hvis kroppen siger fra.

Læg mærke til, hvordan du er til stede lige nu.

Føles forbindelsen mellem krop, følelse og
opmærksomhed tæt — eller løs?
Der er ikke noget,
der skal ændres.
Blot registreres.

Prøv så forsigtigt
at flytte opmærksomheden
til noget konkret og neutralt:
kontakt med stolen,
lydene i rummet,
tyngden i kroppen.
Læg mærke til,
om forbindelsen ændrer sig en anelse.

Måske bliver den lidt tydeligere.
Måske mere rummelig.
Måske uændret.
Alt er i orden.

Samtale med dig selv

- *Hvornår oplever du, at tingene hænger for tæt sammen i dig?*
- *Hvornår glider forbindelsen i stedet væk?*
- *Hvordan mærker du forskel på nærhed og overvældelse?*
- *Hvad hjælper dig til at finde en mere bevægelig midte?*

Der findes ikke rigtige svar. Spørgsmålene er kun tænkt som støtte til at orientere dig — ikke til at vurdere dig.

Integration — når forbindelser bliver bevægelige

Overkobling og underkobling er ikke problemer, der skal løses, men bevægelser, der kan blive mere fleksible. De opstår som svar på belastning og forsøger at beskytte det, der er sårbart.
Når kroppen får erfaringer med tryghed, rytme og kontakt, kan forbindelserne gradvist justeres.
Nogle gange bliver de lidt løsere, andre gange lidt tydeligere. Det afgørende er ikke retningen, men bevægeligheden. Kroppen behøver ikke at være »rigtigt koblet« hele tiden. Den behøver blot at kunne bevæge sig mellem afstand og nærhed uden at sidde fast.

Faglig note

Begreberne overkobling og underkobling anvendes her som beskrivelser af, hvordan oplevelse, sansning og mening organiseres i relation til belastning. De henviser ikke til diagnoser eller faste tilstande, men til graden af forbindelse mellem kropssansning, følelse og opmærksomhed.

I traumefaglig sammenhæng beskrives beslægtede fænomener som intens sammensmeltning og afkobling. Disse forstås som adaptive strategier, der kan opstå, når regulering bliver udfordret, og organismen forsøger at bevare sammenhæng og funktion under pres (Schore; Ogden; Levine).

Det er vigtigt at skelne mellem aktivering og kobling. Aktivering (arousal) beskriver energiniveauet i nervesystemet — hvor meget mobilisering eller dæmpning der er i kroppen. Kobling beskriver derimod graden af forbindelse mellem kropssansning, følelser, opmærksomhed og mening.

Det autonome nervesystem organiserer kroppens beskyttelsesreaktioner. Begreber som hyper- og hypoarousal beskriver energiniveauet i systemet, mens over- og underkobling henviser til, hvordan oplevelsen er organiseret og integreret. De to niveauer overlapper, men er ikke identiske og må forstås i sammenhæng (Schore; Siegel; van der Kolk).

Regulering kan derfor forstås som en proces, hvor både aktivering og forbindelser gradvist bliver mere fleksible gennem erfaringer med sikkerhed, relation og sansning.

Når forbindelser kan strammes og løsnes efter behov, øges oplevelsen af sammenhæng, selvkontakt og bevægelighed.

14. Chok & immobilisering

Når kroppen stopper tiden

Indledning

Et ord rammer skarpt i rummet.
Et ansigt strammer sig en anelse.
Lyden løfter sig lige over det sædvanlige.

Noget i kroppen trækker sig indad, som om luften ikke helt kan finde vej ned i brystet.

Knæene mister deres vægt, og fødderne bliver fjerne under dig.
Farverne bliver matte.
Rummet træder et skridt tilbage, som om du ser det gennem glas eller tåge.
Det er ikke stilhed.
Det er bevægelse, der holdes tilbage —
en kraft, der venter under huden, til verden igen kan bæres.

Dette kapitel zoomer ind på det øjeblik, hvor mobilisering standser, og kroppen holder energi tilbage for at overleve. Chok beskrives som en beskyttelsesreaktion — et punkt, hvor bevægelse bremses, fordi systemet ikke længere kan handle frit.

Essens — forståelsen

Chok opstår, når kroppen mobiliserer energi og samtidig bremses i sin handling. Systemet forsøger både at reagere og at holde sig tilbage, og denne dobbelte impuls kan føre til stivnen — frys. Ikke som passivitet, men som tilbageholdt handling: kroppen er klar, men kan ikke komme videre.
Som Peter Levine beskriver det, er chok ikke kollaps, men standset mobilisering — energi, der er blevet afbrudt midt i sit afløb.
Efter chok kan der opstå tomhed eller afkobling, fordi kroppen fortsat holder bevægelsen tilbage, indtil den igen mærker tilstrækkelig tryghed. Chok er ikke fravær af kraft, men kraft uden retning.

En lille fortælling

Efter biluheldet fulgte en lyd med Piet hjem.
En skarp, elektrisk tinnitus, der skar gennem stilheden.
For ham sad den i ørerne som en konstant alarm —
noget fremmed, der skete mod ham, og som han ikke
kunne slippe væk fra.
Ugerne gik, og lyden blev ved.
Som om kroppen stadig stod i det øjeblik, hvor metal
mødte metal.
En dag sad han stille og lod blikket hvile på et træ
udenfor.
Langsomt begyndte nakken at bevæge sig igen — en
lille rotation i de øverste nakkehvirvler, der havde
stået fast siden ulykkens splitsekund.
Pludselig opdagede han noget.
Lyden var der stadig.
Men den sad ikke længere i ørerne.
Den var flyttet om i baghovedet.
Den skarpe tone var blevet mere pulserende,
og flere toner begyndte langsomt at træde frem i
lydbilledet.
Som en bevægelse der længe havde stået stille
og nu langsomt begyndte at finde sin rytme igen.
Det, der før føltes som en alarm udefra,
var blevet til en spænding i kroppen.
Som om noget, der havde holdt sig fast i chokket,
nu langsomt slap sit greb.
Ikke på én gang.
Men lidt efter lidt.

Øvelse — En vej tilbage

Denne øvelse er en invitation — uden pres. Start i et neutralt eller trygt sted i kroppen. Hold pauser, justér eller stop, hvis kroppen siger fra.

Sæt dig, så noget kan støtte dig —
en stoleryg,
en væg
eller gulvet bag dig.
Lad kroppen læne sig ind,
bare en anelse.
Find et sted i kroppen,
hvor livet føles længst væk.

Mærk stedet,
uden at ville ændre det.
Find så et punkt i kroppen,
hvor der er en smule varme
eller bevægelse.

Lad begge steder være der samtidig —
afstand og
liv side om side.
Bliv dér et øjeblik.

Måske kommer en lille rystelse,
en varme, kulde eller en udånding,
helt af sig selv.

Samtale med dig selv

- *Hvad sker der i dig i det øjeblik, bevægelsen stopper?*
- *Hvor i kroppen mærker du tomheden først?*
- *Hvad hjælper dig med at mærke tyngde igen?*

Der findes ikke rigtige svar. Spørgsmålene er kun tænkt som støtte til at orientere dig — ikke til at vurdere dig.

Integration — når tiden går igen

Noget løsner sig. Ikke med et ryk, men som kulde eller varme, der langsomt begynder at bevæge sig gennem kroppen. Åndedrættet bevæger sig friere. Farverne får dybde. Kroppen finder sin egen rytme igen.
Det, der var holdt tilbage, får lov til at bevæge sig en anelse.
En spænding slipper sit greb.
Et indre ja viser sig, stille og uden krav.
Du er her. Ikke, fordi alt er færdigt, men fordi tiden igen bevæger sig gennem dig.

Faglig note

I denne bog anvendes betegnelsen chok om tilstande af immobilisering og fastfrosset beredskab, hvor kroppen midlertidigt dæmper bevægelse, sansning og handlekraft for at beskytte sig mod overvældelse. Denne respons forstås ikke som sammenbrud, men som en meningsfuld reguleringsstrategi under høj belastning.

Chok kan opstå både som tilbageholdt mobilisering og som en mere direkte beskyttende immobilisering ved vedvarende eller uforudsigelig belastning (Levine; van der Kolk; Schore).

Set i et affektiv-neurovidenskabeligt perspektiv kan chok også forstås som biologisk ressourcebeskyttelse, hvor hjernen midlertidigt reducerer mobilisering, sansning og affekt for at bevare indre stabilitet under overvældelse (Barrett). I denne optik kan høj indre aktivering og hæmmet bevægelse sameksistere som et fastfrosset orienteringsberedskab.

Orientering organiseres gennem et tæt samspil mellem syn, vestibulær sans og nakkens små stabiliserende muskler. De øverste nakkeknogler, C1 (atlas) og C2 (axis), spiller en central rolle i dette system, hvor øjenbevægelser, hovedrotation og balance løbende koordineres gennem hjernestammen (Berthoz; Craig). Ved pludselige sammenstød kan dette område refleksivt spænde for at stabilisere hovedet og beskytte hjernestammen og lillehjernen.

Når orientering og bevægelse gradvist vender tilbage, kan spændinger i dette område ændre sig. Som i fortællingen om Piet, hvor en lille rotation i nakken blev ledsaget af en tydelig ændring i oplevelsen af lyd. At tonen i et kort øjeblik også kunne opfattes udefra, kan hænge sammen med små vibrationer i øre- og nakkemuskulatur eller ændringer i blodgennemstrømning omkring mellemøret, som i sjældne tilfælde kan give en svagt hørbar lyd (Levine; Grossman).

I arbejdet med Deep Containment, en krops- og relationsbaseret tilgang til traumearbejde udviklet af forfatteren, er fokus ikke at presse kroppen ud af immobilisering, men at opbygge kropslig og relationel bæreevne gennem doserede, trygge erfaringer. Når orientering, sansning og små spontane impulser igen kan opstå i et tempo, der opleves sikkert, kan reguleringen gradvist genoptages, og kroppen får lettere ved at skelne mellem tidligere belastning og nutidig sikkerhed (Barrett; Craig; Levine).

Når kroppen igen får lov at bevæge sig i sit eget tempo, begynder chokket langsomt at slippe sit greb.

15. Når kroppen siger nej

Selvom du siger ja

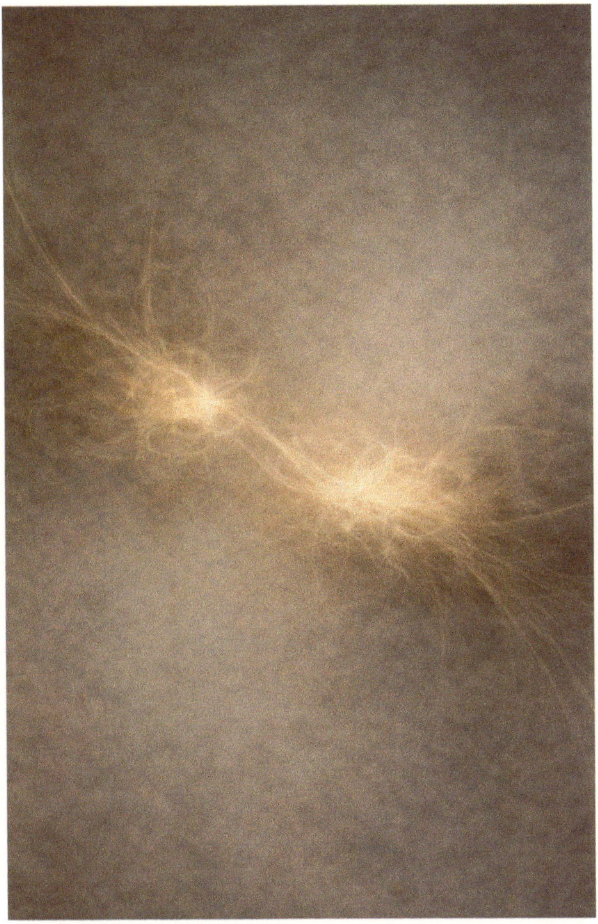

Indledning

Du står ved døren, klar til at gå ind.
Lyset falder ind over gulvet i et roligt felt.
Stemmerne bag væggen ligger tæt,
uden at være høje.

Maven trækker sig en anelse tilbage,
brystet holder vejret en millimeter,
og vægten synker mod hælene.

Udefra bevæger du dig frem.
Indeni træder noget tilbage.

Et lille nej uden ord.
Det er ikke modvilje,
men en bevægelse, der beskytter det,
du endnu ikke har mærket færdigt.

Essens — forståelsen

Hvor chok handler om standsning, handler dette kapitel om grænsesætning. »Nej« er ikke modstand, men kroppens måde at beskytte integritet og kontakt på.

Kroppen registrerer grænser, før de kan formuleres i ord. Den spænder, når noget bliver for meget, trækker sig, når du går imod dig selv. Siger du ja imod din fornemmelse, kan gamle tilpasningsmønstre aktiveres.

For et barn er tilknytning vigtigere end autenticitet, og kroppen kan bære denne prioritering længe efter.

Kroppens nej er et pejlemærke — en reguleret bevægelse, der beskytter grænser og sammenhæng.

Når du lytter til det, kan både nej og ja begynde at guide dig indefra.

En lille fortælling

Oscar får en besked: Skal vi ses i aften?
Hans fingre svarer ja, før han tænker.
Ordene står der allerede på skærmen, næsten af sig selv.
Det ser rigtigt ud — men kroppen siger noget andet.
Maven synker bagud, vejrtrækningen flader ud, og brystet mister lidt af sin form.
Noget i ham bliver stille, som om kroppen holder igen.
Han lægger telefonen fra sig og bliver siddende et øjeblik.
Rummet omkring ham er roligt, men indeni bevæger noget sig langsomt frem i opmærksomheden.
I stilheden mærker han et lille nej.
Klart og stille, uden forklaring.
Ikke dramatisk. Bare tydeligt.
Han tager telefonen igen og skriver:
Jeg springer over i dag.
På udåndingen falder noget på plads.
Skuldrene synker en anelse, og vejret finder tilbage til sin rytme.
Et lille ja til sig selv.

Øvelse — Lyt til det stille nej

Denne øvelse er en invitation — uden pres. Start i et neutralt eller trygt sted i kroppen. Hold pauser, justér eller stop, hvis kroppen siger fra.

Sig langsomt:
Ja.

Mærk,
hvad der sker i kroppen.
Hvor bevæger noget sig?
Bliver noget lettere, varmere, mere åbent?

Sig derefter:
Nej.

Lyt efter skiftet —
luft,
plads,
kontakt.
Måske også spænding, tyngde eller en lille bevægelse indad.

Læg en hånd dér, hvor svaret mærkes tydeligst.

Lad åndedrættet falde til ro igen.
Bliv et øjeblik med fornemmelsen,
uden at skulle ændre noget.
Bare mærk, hvordan kroppen svarer.

Samtale med dig selv

- *Hvornår lærte du, at dit nej var farligt?*
- *Hvordan mærker du et ja, der ikke er sandt?*
- *Hvordan føles et nej, der beskytter dig — ikke lukker?*

Der findes ikke rigtige svar. Spørgsmålene er kun tænkt som støtte til at orientere dig — ikke til at vurdere dig.

Integration — At stå med mild styrke

Kroppens nej er ikke afvisning. Det er autenticitet, der gør plads. Når du ærer det, falder kroppen til ro, og kontakten bliver renere.
Et sandt nej åbner døren til et sandt ja.
Ikke af pligt — men af tilstedeværelse.
Autenticitet er, når din krop og din stemme begynder at sige det samme.

Faglig note

Når kroppen siger nej, selv om tanken siger ja, afspejler det som regel en autonom reguleringsproces frem for manglende vilje. Kroppen orienterer sig ud fra tidligere erfaringer med pres, grænseoverskridelse eller relationel utryghed og kan reagere beskyttende, før bevidst refleksion når at vurdere situationen. Spænding, tilbagetrækning eller energifald kan således opstå som tidlige kropslige signaler om overbelastning eller tab af indre stabilitet.

Det kropslige nej kan forstås som en implicit vurdering af belastning og sikkerhed, hvor organismen søger at bevare regulering og sammenhæng. Reaktionen er derfor ikke modstand, men en meningsfuld beskyttelsesrespons, hvor sansning, mobilisering eller kontakt midlertidigt justeres for at undgå overvældelse (Barrett; Schore).

Levine og Heller beskriver, hvordan gentagen relationel tilpasning kan organisere nervesystemet omkring overlevelse frem for autenticitet. Over tid kan kroppen lære, at kontakt kræver selvtilsidesættelse, hvilket skaber et indre spændingsfelt mellem intention og kropslig impuls. Kroppen reagerer da ikke mod viljen, men for at bevare tilknytning og reguleringsmæssig stabilitet.

Regulering styrkes, når kroppen får erfaringer med, at grænser kan eksistere uden tab af relation. Gennem sansning, langsom opmærksomhed og tryg kontakt integreres autonome signaler gradvist med bevidst valg, så handling kan udspringe af både kropslig fornemmelse og refleksion (Schore; Levine).

Kroppens nej er således ikke et problem, der skal overvindes, men et regulerende signal om behov for beskyttelse, integritet og bæredygtig kontakt.

Når kroppen siger nej, forsøger den ofte at beskytte det, der endnu ikke har haft mulighed for at blive erfaret og sat i ord.

16. Når tryghed føles farlig

Når stilhed vækker alarm

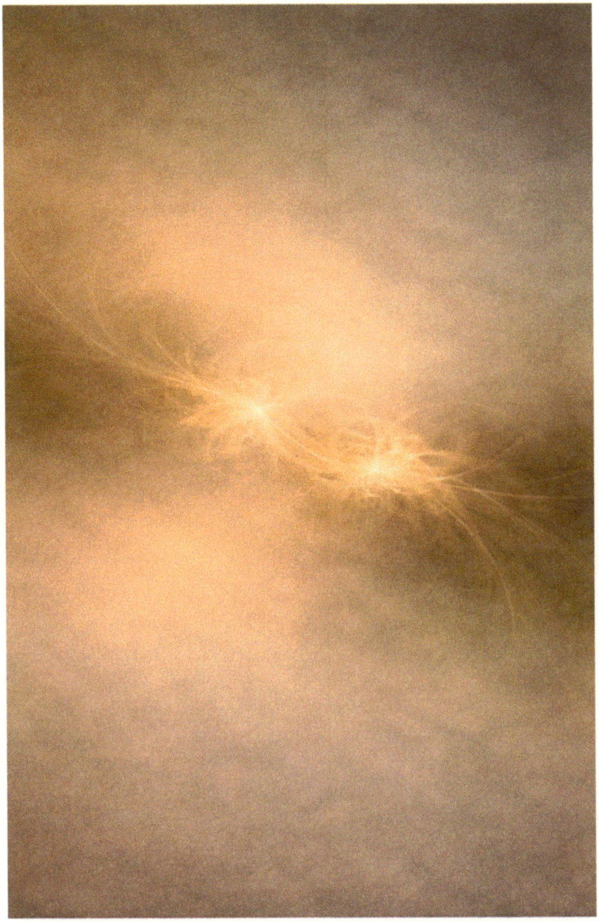

Indledning

Rummet er stille. Lyset ligger jævnt på gulvet, uden skygger, uden krav.
Luften står næsten stille omkring dig, som om verden holder vejret med dig.
Du synker ned i stolen, men kroppen gør det ikke helt.
Skuldrene holder sig løftet en anelse.
Åndedrættet bliver kort ved brystbenet, som om roen presser noget frem i stedet for at lægge sig.

Der er ingen fare her. Ingen stemmer,
ingen bevægelser, ingen skarpe lyde.
Alligevel vækker stilheden et lille skift under huden — en uro, der ikke vil falde.

Kroppen genkender ikke altid tryghed som noget blødt.

Nogle gange føles stilheden som det sted, hvor noget kunne ske igen. Ikke fordi nuet er farligt, men fordi roen minder om et øjeblik, hvor du engang stod uden varsler. Kroppen lytter bagud for at mærke, om dette øjeblik virkelig er så stille, som det ser ud.

Først langsomt, næsten umærkeligt, begynder noget at give efter. Ikke som afslapning, men som tilladelse.

Essens — forståelsen

Når kroppen har lært at forbinde nærhed med fare, kan ro føles fremmed.
Når ro vækker uro, handler det sjældent om nuet. Kroppen kan have knyttet stilhed til øjeblikke uden varsel og reagerer derfor med vagtsomhed, selv i et fredeligt rum. Åndedrættet bliver kortere, musklerne holder igen.
Det er ikke modstand mod tryghed, men et gammelt beskyttelsesmønster.
Når ro mødes i små, kontaktbare bidder og uden pres, begynder kroppen at skelne mellem dengang og nu.
Heling sker, når ro ikke længere kræver forsvar, men giver plads til landing.

En lille fortælling

Karl-Emil taler næsten hele tiden.
Ikke højt — bare i en jævn strøm af ord,
så stilheden ikke får plads.
Når han taler, falder noget i ham til ro.
Når han stopper, rejser kroppen sig i alarm.
I frokoststuen opstår der et kort hul i samtalen.
Et stille sekund. Brystet strammer sig, maven trækker
sig en anelse bagud, og skuldrene holder vejret.
Det er ikke stilheden i sig selv — men en gammel
genkendelse af øjeblikke, hvor tavshed ikke var tryg,
men et varsel.
Han fylder pausen med ord, næsten per refleks.
Stemmen holder rytmen i gang, mens kroppen undgår
det fald indad, der ligger bag stilheden.
Senere siger kollegaen:
Vi kan også bare sidde lidt.

Karl-Emil stopper et øjeblik længere end han plejer.
Udåndingen falder en millimeter dybere.
Ikke ro — men en lille åbning til at kunne blive i den.

Øvelse — Sans tryghed i glimt

Denne øvelse er en invitation — uden pres. Start i et neutralt eller trygt sted i kroppen. Hold pauser, justér eller stop, hvis kroppen siger fra.

Sæt begge fødder i gulvet,
og lad kroppen lande.

Find et sted i kroppen,
der bare er —
neutralt,
ikke behageligt,
ikke ubehageligt.
Bliv dér et øjeblik,
som om du sætter et lille anker.
Mærk åndedrættet,
uden at ændre det.

Vent,
til udåndingen spontant bliver
en anelse længere.
Rejs dig først dér.

Kroppen lærer tryghed
i et tempo, der kan bæres —
ikke gennem pres,
men gennem blød gentagelse.

Samtale med dig selv

- *Hvad forbinder du roen med?*
- *Hvad sker der i kroppen, når nogen møder dig venligt?*
- *Er det stilheden, der vækker uroen — eller betydningen, du tillægger den?*

Der findes ikke rigtige svar. Spørgsmålene er kun tænkt som støtte til at orientere dig — ikke til at vurdere dig.

Integration — Når ro bliver et sted at hvile

Tryghed er ikke fravær af fare.
Det er genkendelsen af dig selv i stilheden.
Når du begynder at stole på roen, vender forbindelsen mellem krop og bevidsthed tilbage.
Ro kan ikke tænkes frem.
Den skal mærkes — én sansning ad gangen.
Tryghed begynder, når stilheden ikke længere føles som tab af kontrol, men som et sted at lægge vægten.

Faglig note

Når ro opleves som utryg, hænger det ofte sammen med kroppens automatiske vurdering af belastning og sikkerhed, som sker før bevidst refleksion. Hvis stilhed tidligere har været forbundet med uforudsigelighed, fravær af beskyttelse eller følelsesmæssig ensomhed, kan kroppen reagere med vagtsomhed, indre uro eller øget spænding, selv når omgivelserne i nutiden er trygge. Reaktionen udspringer ikke af manglende evne til at slappe af, men af tidligere erfaringer, hvor ro ikke blev erfaret som sikker (Barrett; Schore).

Regulering udvikles gennem gentagne erfaringer med tålelig ro og tryg kontakt. Når kroppen gradvist får mulighed for at blive i stilhed uden pres eller krav, kan autonom regulering stabiliseres, og fleksibiliteten i nervesystemet øges. Dette hænger sammen med mere sammenhængende rytme i åndedræt og puls samt en større evne til at bevæge sig mellem aktivering og hvile uden at miste kontakt med sig selv (Thayer & Lane; Schore).

Peter Levine beskriver, hvordan heling ikke opstår viljestyret, men gennem sanselige erfaringer i det tempo, kroppen kan rumme. Når ro gentagne gange opleves i en kontekst af tryghed og nærvær, får organismen nye data om nutidig sikkerhed, og forventningen om fare kan gradvist justeres (Levine; Barrett).

Stilhed bliver da ikke et tomrum, men et regulerende rum, hvor kroppen langsomt kan falde til ro uden at skulle være på vagt.

Når kroppen opdager, at stilhed ikke længere er farlig, kan den begynde at hvile i den.

17. Kropslig afgrænsning

Når kroppen mister sin form

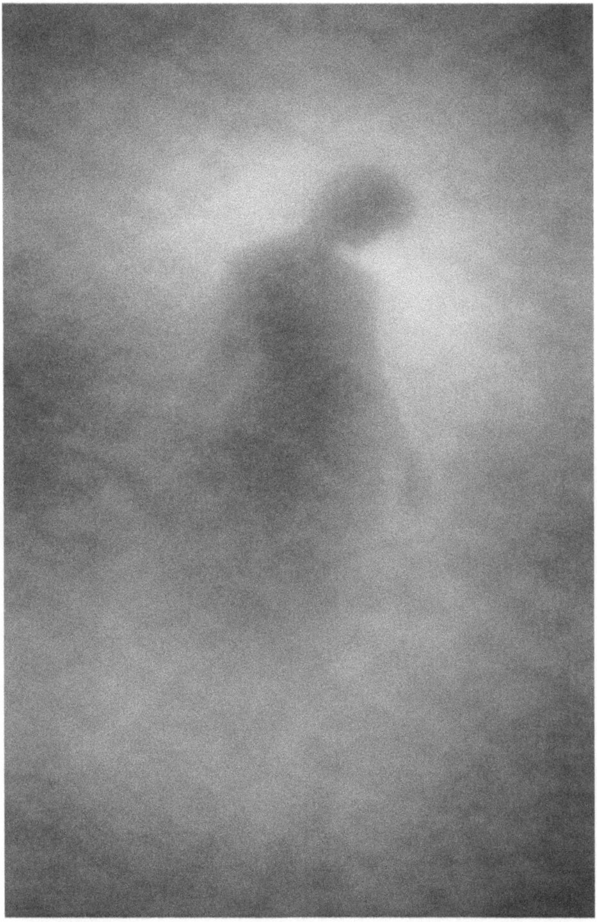

Indledning

Lys falder ind gennem rummet i en langsom stribe.
Du sidder stille, og kroppen hviler mod stolen.

Alligevel føles det, som om du ikke helt fylder formen ud. Som om huden er der, men afgrænsningen mangler.

Brystet synker en anelse, maven bliver let og utydelig, og ryggen mister den lille, indre støtte, der plejer at holde dig samlet.

Det er ikke smerte — blot fravær.
En krop, der ikke helt ved, hvor den slutter.
Et øjeblik mærker du det —
afstanden mellem dig og noget i dig selv.

En stille fornemmelse af at være mere åben,
end du kan bære. Som om grænsen mellem dig og verden bliver tynd.
Som om du ikke længere helt kan mærke,
hvor du selv begynder.

Dette kapitel handler om kroppens fysiske og sanselige grænser — om oplevelsen af at have en form og et sted at være.

Essens — forståelsen

Kroppen har en naturlig grænse. En indre form, der giver tyngde, retning og fornemmelsen af at høre til i sig selv. Når belastning eller traumer sætter sig dybt, kan denne form blive utydelig.
Man kan opleve sig selv som spredt, gennemtrængelig eller uden klar kant.
En gammel beskyttelse — en måde kroppen gør sig mindre tydelig på, så mindre kan nå helt ind.
At genfinde afgrænsning handler ikke om at lukke verden ude, men om langsomt at finde hjem i kroppen igen. At mærke en form, der kan bære dig, og give plads til fornemmelsen af at være her — hel og til stede.

En lille fortælling

Gitta står i entreen efter et uventet skænderi.
Hun lægger nøglerne fra sig, men hænderne føles fremmede, som om de ikke helt ved, hvad de rører ved.
Brystet synker en anelse, maven bliver blød og utydelig, og kroppen breder sig ud uden at samle sig.
Lyset i rummet er det samme, men hun fylder mindre i det. Som om huden stadig er der, men afgrænsningen mangler.
Hun mærker et svagt sus i ryggen, og i det øjeblik forstår hun, at hun er til stede — men uden et tydeligt sted at stå.
Blikket glider over væggen uden at hæfte sig.
Lydene fra køkkenet når hende, men lander ikke helt.
Hun står stille, ikke fordi hun vælger det, men fordi kroppen endnu ikke har fundet sin retning.
Langsomt presser hun fødderne en anelse mod gulvet.
Mærker fliserne under sig. Tyngden i benene. En lille samling omkring midten, som om noget søger ind igen.
Det er ikke styrke endnu. Men det er en begyndelse på at vende tilbage til sin egen form.

Øvelse — Mærk din egen afgrænsning

Denne øvelse er en invitation — uden pres. Start i et neutralt eller trygt sted i kroppen. Hold pauser, justér eller stop, hvis kroppen siger fra.

Sæt dig, så hofter og ryg hviler støttet.

Lad hænderne hvile et sted, der føles naturligt.
Mærk tyngden mod stolen.
Læg mærke til
hvor kroppen breder sig ud,
og hvor den samler sig.

Før opmærksomheden langsomt
mod ydersiden af kroppen:
ryg,
sider,
mave,
lår.
Ikke for at ændre noget — bare for at lade din afgrænsning træde frem indefra.

Når du mærker en lille vægt,
en varme
eller et suk,
så lad kroppen blive dér et øjeblik.

Samtale med dig selv

- *Hvor er din afgrænsning tydelig — og hvor bliver du svækket i din afgrænsning?*
- *Hvilke mennesker eller situationer gør din krop mere flydende?*
- *Hvordan mærkes det, når du fylder kroppen lidt mere ud indefra?*
- *Hvad var din forståelse af dig selv da du mærkede større afgrænsning?*

Der findes ikke rigtige svar. Spørgsmålene er kun tænkt som støtte til at orientere dig — ikke til at vurdere dig.

Integration — Når formen vender hjem

Afgrænsning vender tilbage i små skift;
en anelse mere vægt i hofterne, en ryg, der løfter sig indefra, en fornemmelse af hud, der igen kan holde og giver større landing mod underlaget.
Det sker uden pres. Kroppen finder selv sin form, når den ikke længere skal beskytte dig ved at forsvinde.
At mærke sin egen afgrænsning er ikke at trække sig væk. Det er at stå et sted, hvor du kan møde verden uden at miste dig selv.

Faglig note

Kropslig afgrænsning hænger sammen med interoception, proprioception og fascias evne til at skabe indre sammenhæng. Ved belastning eller traume kan signaler fra kroppens ydre lag dæmpes, så fornemmelsen af afgrænsning bliver uklar eller flydende. Det kan vise sig som lav muskeltonus, nedsat sansning i hud og sider eller vanskelighed ved at mærke egen volumen og tilstedeværelse (Schore; Levine).

Samtidig kan andre områder blive mere følsomme. Når dele af sansningen dæmpes, kan nervesystemet øge opmærksomheden i andre zoner for fortsat at kunne orientere sig i kroppen og omgivelserne. Hjernen prioriterer løbende, hvilke signaler der er vigtigst for sikkerhed og orientering. Ved langvarigt beredskab kan sanser som lyd, lugt, kropsspænding eller rumlig orientering derfor blive mere overvågende. Når reguleringen ændrer sig, kan denne følsomhed igen aftage, fordi nervesystemet ikke længere behøver samme alarmberedskab. I neurovidenskaben beskrives denne proces som sensorisk re-weighting (Craig; Barrett).

De øverste nakkemuskler og området ved kraniebunden indgår samtidig i tætte forbindelser til hjernestammen, autonome reguleringscentre, vestibulære systemer og trigeminusnerven, som spiller en rolle i hovedpine og migræne. Ændringer i spænding og bevægelse i dette område kan derfor påvirke både kropslig orientering, smerteoplevelse og den generelle sensoriske følsomhed. Det betyder ikke, at enkelte sanser "sidder" i nakken, men at det samlede reguleringsniveau i hjernen kan ændre sig, når kroppen igen finder mere stabil regulering.

Når kroppen mødes med tyngde, tryk og langsomme bevægelser, understøttes den autonome regulering, og hjernen kan igen registrere kroppen som et samlet og afgrænset hele. Disse erfaringer bidrager til, at nervesystemet gradvist genopbygger kropslig fornemmelse af form, sammenhæng og indre stabilitet (Ogden; Schore).

Fascia spiller en central rolle som sansende og forbindende væv, der responderer på bevægelse, kontakt og rytme (Schleip; Levine). Afgrænsning opstår ikke gennem kontrol, men gennem tryg kontakt med kroppen selv.

Når kroppen igen mærker sine egne kanter, bliver det muligt at være i sig selv — uden at lukke af for verden.

18. Skam

Den stille sammentrækning

Indledning

Blikket falder mod jorden. Skuldrene synker en anelse,
og kroppen trækker sig tilbage, næsten umærkeligt.

Ikke for at forsvinde,
men for ikke at blive set for tæt på.

Åndedrættet bliver tyndt, stemmen lav.
Hjertet holder sig tilbage et øjeblik for længe,
som om kroppen dæmper sin egen tilstedeværelse.

Bevægelsen er stille, men præcis —
en sammentrækning, der engang beskyttede dig,
og som kan blive siddende, længe efter øjeblikket er
væk.

Skammen mærkes ikke som ord, men som afstand.
En lille forskydning i holdning og nærvær.
Ikke for at straffe, men for at bevare det,
der endnu kan bæres.

Dette kapitel undersøger skam som en kropslig og relationel reguleringsreaktion og viser, hvordan den finjusterer vores bevægelse mellem at træde frem og trække os tilbage, når kontakt opleves truende.

Essens — forståelsen

Skam er først og fremmest en kropslig refleks.
Når et barn ikke bliver mødt i sit udtryk, reagerer kroppen automatisk: brystet synker, blikket vender væk, stemmen bliver stille.
Det er ikke svaghed, men beskyttelse — en måde at holde hjertet skjult på, når længslen efter kontakt blandes med frygten for at blive ramt.
Skam føles ofte som ensomhed, men under den ligger et stille ønske om at blive set — uden at skulle forklare, præstere eller forsvare sig.
Skam opløses ikke gennem pres eller vilje, men når den mødes med varme, langsomhed og erfaringen af at kunne være i kontakt uden at miste sig selv. Her begynder kroppen igen at turde være synlig.

En lille fortælling

Laura siger noget højt til mødet, men da to kolleger vender sig mod hende samtidig, glider blikket straks ned mod bordet. Brystet falder, stemmen mister sin klang, og hun mærker en stille trang til at gøre sig mindre. Ingen sagde noget hårdt.

Alligevel spænder kroppen, som om den genkender et gammelt øjeblik, hvor det var farligt at blive set for tydeligt.

Efter mødet spørger en kollega venligt, om hun er okay. Den varme tone lander blødt, og en lille udånding slipper, som om noget i brystet igen tør åbne sig en smule. Det er ikke store skridt. Men det er begyndelsen på at blive stående i sig selv.

Senere mærker Laura en stille træthed i kroppen, som efterklang snarere end udmattelse. Skuldrene hænger en anelse, og hun bemærker først nu, hvor meget hun trak sig tilbage for at blive stående.

På vej hjem falder åndedrættet dybere ned. Brystet giver lidt mere plads. Kroppen har ikke glemt sin gamle måde at beskytte på. Men den har for et øjeblik erfaret, at det er muligt at blive set uden at miste sig selv. Og det lille skift bliver liggende som en stille viden, hun kan vende tilbage til.

Øvelse — Mød skammen med venlighed

Denne øvelse er en invitation — uden pres. Start i et neutralt eller trygt sted i kroppen. Hold pauser, justér eller stop, hvis kroppen siger fra.

Sæt dig et sted, hvor kroppen kan falde til ro.

Fremkald en situation, hvor skammen viste sig.
Læg mærke til kroppens første svar —
bliver du mindre,
varmer ansigtet,
synker brystet?

Læg en hånd dér,
hvor sansningen samler sig.

Sig stille:
Jeg er her!
Bliv et øjeblik,
uden at ændre noget.

Skam slipper,
når kroppen mærker,
at du bliver.

Samtale med dig selv

- *Hvor i kroppen viser skammen sig?*
- *Hvornår lærte du, at det var farligt at blive set?*
- *Hvad vækker trangen til at gøre dig lille?*
- *Hvordan føles det, når nogen møder dig venligt?*

Der findes ikke rigtige svar. Spørgsmålene er kun tænkt som støtte til at orientere dig — ikke til at vurdere dig.

Integration — Når skam bliver en dør

Når skam mødes med mildhed, bliver den ikke en mur, men en åbning. Bag dens sammentrækning ligger længslen efter kontakt. Du var aldrig forkert — du bar blot spændingen fra noget, der engang burde have været båret af de voksne.
At møde skam kræver mod, men her begynder du at mærke dig selv igen. Skam trækker dig indad, så du kan lære at række ud.

Faglig note

Skam hænger tæt sammen med nedsat social åbenhed og en tendens til kropslig tilbagetrækning. Inden for affektiv neurovidenskab og tilknytningsforskning forstås skam som en reguleringsreaktion, hvor organismen midlertidigt reducerer synlighed, kontakt og spontan udfoldelse for at beskytte sig mod social belastning eller risiko for afvisning (Schore; Barrett).

Kropsligt kan skam vise sig som sammenfald i holdning, tryk eller smerte i brystet, nedsat sansning, bliknedslag, overfladisk åndedræt eller en oplevelse af at ville gøre sig mindre. Nogle oplever tunghed og energifald, mens andre mærker indre spænding uden mulighed for at udtrykke sig socialt. Fælles er en reguleringsbevægelse, hvor kroppen trækker energi væk fra kontakt og orientering og i stedet bevæger sig mod beskyttelse og selvtilbageholdenhed.

Tidlige relationelle erfaringer kan organisere vedvarende mønstre af skam og selvtilpasning, hvor egne behov og impulser nedtones for at bevare tilknytning (Heller; Maté).
Denne tilpasning er ikke et bevidst valg, men en kropsligt forankret strategi, hvor forbindelsen til både andre og til sig selv midlertidigt begrænses. Sansningen kan blive mindre tydelig, og kroppen kan miste noget af sin orientering mod omgivelserne. Det kan hænge sammen med tilstande af underkobling og

lav arousal, hvor energi, sansning og kontakt midlertidigt dæmpes i organismen.

Set i et reguleringsperspektiv opløses skam ikke gennem vilje eller forklaring alene, men gennem gentagne erfaringer af tryg, ikke-dømmende kontakt. Når kroppen mødes i sin sammentrækning uden pres for forandring, kan sansning, holdning og social orientering gradvist genopbygges, og forbindelsen til både selv og andre styrkes over tid (Schore; Feldman).

Skam slipper ikke, fordi vi forstår den — men fordi vi ikke længere står alene med den.

19. Skyld og kontrol

Kroppens usynlige kontrakt

Indledning

Brystkassen løfter sig en anelse, næsten umærkeligt. Skuldrene glider frem, som om kroppen forsøger at holde noget på plads.

Åndedrættet bliver smalt, hænderne lidt fastere om det, du bærer.
Noget i kroppen gør sig klar — ikke til flugt eller kamp, men til at samle, bære, foregribe.

En gammel bevægelse, der hvisker:
Hvis jeg holder sammen på det hele, går intet i stykker.

Skyld viser sig ikke i ord, men i spændingen mellem ribbenene, i den lille sammentrækning, der prøver at forhindre tab, før det sker.

Når grebet strammes for meget,
bærer kroppen mere, end den skal.

Dette kapitel ser på skyld som en mobiliseret tilstand, hvor ansvar og kontrol bliver strategier for at bevare relation og orden. Skyld opstår, når noget føles som ens ansvar, selv om det aldrig var ens at bære.

Essens — forståelsen

Kroppen kan lære tidligt at holde stemningen, dæmpe uro og tage hensyn før egne behov. Det, der begynder som tilpasning, kan blive et mønster. Som voksen kan det vise sig som spænding og årvågenhed: kæben holder fast, maven trækker sig sammen, blikket glider væk for ikke at skuffe.
Kontrol bliver en måde at skabe forudsigelighed i en verden, der engang var for utryg. Skyld handler derfor ikke først om moral, men om ansvar taget for tidligt og for meget — en indre kontrakt, der blev overtaget.
Heling begynder, når grebet langsomt løsner sig, og kroppen får lov at mærke sorgen over det, der blev båret alene, og lettelsen over ikke længere at skulle holde alting sammen selv.

En lille fortælling

Emma retter for tredje gang i skemaet.
Der er ikke noget galt, men skuldrene hæver sig
alligevel, som om dagen kan falde sammen,
hvis hun ikke holder den på plads.
Da kollegaen lægger en kop te foran hende
og siger: *Jeg tager det her*, sker der et lille skift.

Åndedrættet falder en millimeter dybere, og hænderne slipper bordkanten. Ikke meget — men nok til at mærke, at kroppen har båret noget alene alt for længe.
Blikket løfter sig et øjeblik og møder det andet menneske. Ikke som tak, men som genkendelse. Hun mærker vægten i stolen, ryggen mod ryglænet, den stille varme fra koppen mellem hænderne. Noget i brystet løsner sit greb, uden at hun behøver at gøre noget for det.
Dagen står stadig foran hende. Men den står ikke kun på hendes skuldre længere.

Øvelse — Slip fortidens overansvar

Denne øvelse er en invitation — uden pres. Start i et neutralt eller trygt sted i kroppen. Hold pauser, justér eller stop, hvis kroppen siger fra.

Sid et sted, hvor kroppen føles båret.
Lad hænderne hvile på lårene,
og lad vægten synke en anelse ned.

Find et sted,
hvor du holder igen —
bryst,
mave,
kæbe.

Spørg stille:
Hvad bærer jeg her?
Hvem forsøger jeg at passe på?
Lyt til sansningen,
ikke historien.

Hvis der kommer et suk
eller en varme,
så lad kroppen gøre det,
den har ventet på.

Samtale med dig selv

- *Hvornår mærker du behovet for at styre?*
- *Hvilken del af dig bliver bange, når du slipper?*
- *Hvem lærte du at bære for?*
- *Hvordan føles det at gøre lidt mindre?*

Der findes ikke rigtige svar. Spørgsmålene er kun tænkt som støtte til at orientere dig — ikke til at vurdere dig.

Integration — Når kroppen stopper med at bære alene

Skyld og kontrol slipper gennem små bevægelser.
Når du giver slip på det, der ikke er dit, bliver der plads til liv og relation uden skjold.
Du må gerne lade verden bære lidt af sig selv.
Du må gerne være den, der lever —
ikke den, der holder alt oppe.

Faglig note

Hvor skam ofte er forbundet med tilbagetrækning og dæmpning af kontakt, er skyld typisk forbundet med vedvarende indre mobilisering. Skyld organiserer kroppen omkring ansvar, kontrol og årvågenhed med henblik på at forebygge fejl og bevare relationel sammenhæng. Hvor skam ofte ledsages af immobilisering og lav arousal, er reguleringen ved skyld præget af øget arousal og en form for overkobling, hvor opmærksomhed, tanke og kropslig spænding holdes i gang. Kroppen søger ikke ro gennem stilstand, men sikkerhed gennem vedvarende indsats og parathed.

Kropsligt kan skyld vise sig som muskulær spænding, uro, stramhed i bryst eller mave, overfladisk åndedræt og en oplevelse af konstant at skulle være på forkant. Nervesystemet forbliver orienteret mod potentielle fejl eller konsekvenser, og energien bindes i ansvarsbæring, selvregulering og mental kontrol. Sansningen kan træde i baggrunden i forhold til tanke og vurdering, mens kroppen holdes i et vedvarende beredskab.

Gabor Maté beskriver, hvordan skyld og overansvar kan udvikles som overlevelsesstrategier i relationelle miljøer, hvor tilknytning har været betinget af tilpasning og selvtilsidesættelse. Ansvar bliver da en måde at bevare kontakt og undgå konflikt på, snarere end et frit og fleksibelt valg. Tilsvarende beskriver

Laurence Heller, hvordan tidlige relationelle vilkår kan organisere identitet og regulering omkring kontrol og ansvar, så forbindelsen til egne behov og impulser dæmpes for at sikre relationel stabilitet (Heller & LaPierre).

Set i et reguleringsperspektiv indebærer vedvarende skyld en fastholdt mobilisering, hvor kroppen søger sammenhæng gennem kontrol frem for gennem afspænding og kontakt. Oplevelsen af ro, fleksibilitet og selvfornemmelse kan derfor blive mindre tilgængelig, selv når omgivelserne er trygge.

Heling i relation til skyld opstår ikke gennem yderligere ansvarstagen eller moralsk selvkorrektion, men gennem erfaringer, hvor kroppen gradvist får lov at slippe beredskabet. Når tempoet sænkes, og relationel kontakt opleves som stabil og ikke-krævende, kan spænding, kontrol og indre årvågenhed langsomt afløses af større reguleringsfleksibilitet og adgang til egne behov og impulser (Peter A. Levine; Allan Schore).

Skyld slipper ikke, når vi tager os mere sammen, men når vi ikke længere behøver at bære alting alene.

20. Frys, afkobling og kollaps

Når kroppen går videre uden dig

Indledning

Du sidder ved bordet og lytter, men ordene når dig kun som dæmpede slag gennem en pude.
Stolen bærer dig, hænderne hviler på lårene, og hovedet nikker på de rigtige tidspunkter.

Alligevel føles kroppen fjern, som om nogen anden bruger din stemme. Blikket glider væk fra rummet, musklerne slipper deres greb, og åndedrættet bliver fladt og næsten lydløst.

Der er ingen flugt, ingen kamp — kun en stille udtoning af kræfter.

Det ligner fravær, men er en bevægelse indad —
et nervesystem, der trækker sig væk fra det,
det ikke kan bære i dette øjeblik.

Dette er ikke opgivenhed. Det er en instinktiv bremse — kroppens ældste måde at holde dig samlet, når verden bliver for meget. Når nærvær bliver for dyrt, og kroppen vælger afstand som beskyttelse.

Dette kapitel handler om, når stilstand bliver hverdag — når immobilisering bliver en måde at være i livet på.

Essens — forståelsen

Nogle gange bliver stilheden ikke et hvil, men en måde at overleve på. Kroppen lærer at skrue ned og trække sig tilbage, fordi livet engang blev for meget.
Når frys eller afkobling bliver en tilstand, kan verden føles fjern og dæmpet. Det er ikke tomhed, men beskyttelse. Kroppen holder energien tæt for ikke at blive overvældet igen.
Heling begynder ikke med at presse liv frem, men med at lade det nærme sig i små rytmer: et dybere åndedrag, en fornemmelse, et øjebliks varme.
Langsomt kan kroppen opdage, at nærvær ikke længere er farligt. Ikke som et gennembrud, men som en stille tilbagevenden til det tempo, den kan bære.

En lille fortælling

Liva har lige været i et skænderi med sin kæreste,
og nu sidder hun tilbage helt tung og tom.
Som om nogen har trukket stikket.
Kroppen synker ned i stolen, blikket zoomer ud af
fokus, og lydene rundt om hende bliver matte,
som om rummet står på den anden side af glas.
Der er ingen vrede tilbage, ingen tårer —
bare et stille fald indad, hvor alt bliver lidt fjernt.
Det ligner opgivenhed,
men er kroppens måde at sige:
Nu er det nok!

Efter et øjeblik mærker hun en lille bevægelse i brystet, et suk, der finder vej op, og en anelse mere vægt i fødderne.
Hun bemærker det først lidt senere, som en svag tilbagevenden af form. Ryggen mærker stolen tydeligere, og rummet træder langsomt frem igen.
Intet er forandret mellem dem, og alligevel er hun her stadig. Kroppen holder hende, mens hun venter, uden at skubbe, uden at kræve. Det er ikke en løsning, men en pause, hvor hun igen kan mærke sig selv.

Øvelse — Kald kroppen stille hjem

Denne øvelse er en invitation — uden pres. Start i et neutralt eller trygt sted i kroppen. Hold pauser, justér eller stop, hvis kroppen siger fra.

Sæt dig et sted med udsyn til noget roligt.
Mærk fødderne mod gulvet,
hofterne mod stolen
og ryggen, der støttes bagfra.

Find ét sted,
der føles mest nærværende —
måske trykket mod stolen,
kontakten under fødderne
eller en hånd på bryst eller mave.
Bliv dér et øjeblik.

Sig stille:
Jeg er her nu, og jeg mærker det i ... (navngiv stedet)
Vent på kroppens svar:
et suk,
en varme,
Strømninger,
en lille impuls,
der kommer af sig selv.

Ikke for at skabe bevægelse, men for at lade kroppen samle dig indefra.

Samtale med dig selv

- *I hvilke situationer begynder du at glide væk?*
- *Hvor i kroppen mærker du den første tyngde — og hvad holder den på?*
- *Hvilke relationer gør dig mindre til stede?*
- *Hvad ville være ét lille skridt tættere på dig selv?*

Der findes ikke rigtige svar. Spørgsmålene er kun tænkt som støtte til at orientere dig — ikke til at vurdere dig.

Integration — Når kroppen tør vende tilbage

Du skal ikke trække dig selv ud af frys med kraft.
Du skal invitere livet tilbage gennem tryghed.
Når kroppen mærker, at den ikke længere bærer alene, vender nærværet langsomt tilbage:
åndedrættet bliver dybere, kontakten tydeligere.
Det er ikke dramatisk, men stille —
en fod med mere vægt, et blik der bliver lidt længere.
At vende tilbage til kroppen er ikke at gå tilbage.
Det er at gå ind i livet igen.

Faglig note

Ved vedvarende belastning kan nervesystemet organisere sig omkring tilstande med lav energi, nedsat kontakt og reduceret bevægelse. Nyere traumeforskning beskriver disse tilstande som beskyttende reguleringsmønstre, hvor kroppen dæmper aktivering for at forebygge overvældelse. Det er ikke udtryk for svaghed eller manglende vilje, men for en biologisk tilpasning, hvor sansning, affekt og mobilisering midlertidigt nedreguleres for at bevare funktionel stabilitet under belastning (Levine; Schore).

Ved gentagen eller langvarig stress kan denne dæmpning stabilisere sig og præge hverdagen som træthed, følelsesmæssig afstand, nedsat initiativ eller oplevelsen af at være delvist afkoblet sig selv. Forskning i affektiv neurovidenskab, interoception og prædiktiv regulering peger på, at sådanne tilstande opstår i et dynamisk samspil mellem kropslige signaler, hjernens fortolkning af kontekst og tidligere erfaringer med belastning og sikkerhed (Barrett; Seth & Friston; Feldman).

I denne bog introduceres metoden Deep Containment som en krops- og relationsbaseret tilgang til regulering. Her er fokus ikke på at fjerne det kropslige ubehag, men på at opbygge en stabil dyb indre og relationel beholder (containment), som gør det muligt at være med sansninger og affekter uden tab af kontakt, organisering eller kropslig forankring. Metoden hviler på principper om co-regulering, titrering og gradvis opbygning af reguleringskapacitet gennem trygge, kropsligt forankrede erfaringer (Schore; Feldman; Payne, Levine & Crane-Godreau).

Heling forstås derfor ikke som øget aktivering i sig selv, men som en gradvis udvidelse af kroppens tolerance for kontakt, sansning og bevægelse gennem doserede erfaringer af sikkerhed og forudsigelighed. Når kroppen igen kan registrere forskel på før og nu, kan den beskyttende immobilisering gradvist løsne sit greb, og fleksibiliteten vende tilbage i et tempo, der opleves som sikkert. Regulering handler således ikke om at presse systemet ud af dæmpning, men om at styrke bæreevnen, så kontakt kan opretholdes også i det svære (Levine; Payne, Levine & Crane-Godreau).

Tryghed giver nervesystemet mulighed for at løsne sit greb.

21. Overtilpasning & pleaser-adfærd

Når kroppen vælger harmoni over sandhed

Indledning

Du sidder overfor et andet menneske.
Stemningen skifter en anelse, næsten umærkeligt.

Kroppen retter sig frem, stemmen bliver blødere,
og du lytter med hele nervesystemet,
ikke kun med ørerne.

Et lille nej rører sig dybt i maven, men kroppen glider mod et ja, længe før ordene kommer.

Skuldrene løfter sig en anelse, og du bliver mere optaget af den andens ro end af din egen.

Udefra ligner det omsorg. Indeni er det årvågenhed — en gammel strategi, der holder forbindelsen varm ved at træde til side, før du bliver set.

Overtilpasning er ikke fravær af identitet.
Det er kærlighed, der lærte at leve bagved,
for at ingen skulle gå væk.

Når kroppen vælger harmoni over sandhed, er det ikke fordi, du ikke ved, hvem du er — men fordi det engang var sådan, du overlevede.

Essens — forståelsen

Når nærhed tidligt blev knyttet til krav eller fravær, lærer kroppen, at kontakt er noget, man opretholder, ikke noget, man hviler i. Stemmen dæmpes, skuldrene gør sig bløde, brystet trækker sig ind. Ikke som valg, men som en loyal refleks: Hvis jeg er nem, får jeg lov at blive.

Strategien skaber ro omkring dig, men efterlader tomhed indeni. Du er til stede uden rigtigt at stå et sted, og relationer bliver trætte, når hjertet ikke får vægt.

At begynde at mærke dig selv igen kan føles som forstyrrelse. Kroppen må lære, at sandhed ikke ødelægger kontakten, men gør den mulig. Sand relation kræver ikke mindre af dig, men mere.

En lille fortælling

Idas telefon ringer.
Det er hendes mor, der spørger, om hun kommer til middag.
Ja, selvfølgelig svarer Ida — før hun overhovedet når at mærke efter.
Da hun lægger røret på, træder en klar knude frem i maven, som en lille sten, der ikke kan ignoreres.
Tanken begynder straks at kredse, runde efter runde, som om hun kan tænke sig ud af uroen.
Indeni ved hun godt, at svaret kom for hurtigt.
Hun mærker et let tryk over brystet, næsten umærkeligt, men vedholdende.
Skuldrene løfter sig en anelse, som om kroppen forbereder sig på noget, den ikke er blevet hørt i før.
Et stille suk slipper ud, uden at hun helt registrerer det.
Ikke som dramatik, men som en fin justering indefra.
Noget i hende ved, at hun igen har valgt relationen før fornemmelsen.
Og først nu, i stilheden efter samtalen, begynder kroppen langsomt at fortælle sin version af sandheden.
Kroppen sagde nej,
mens munden sagde ja.

Øvelse — Mærk dig selv før du mærker rummet

Denne øvelse er en invitation — uden pres. Start i et neutralt eller trygt sted i kroppen. Hold pauser, justér eller stop, hvis kroppen siger fra.

Sæt dig et sted, hvor kroppen føler støtte.
Luk øjnene og fremkald en lille situation,
hvor du plejer at sætte andre først.

Hvad mærker du?
Lad den første sansning vise sig —
varme,
tryk,
uro
eller tyngde.

Mærk —
eller læg hånden dér —
med blid nysgerrighed,
og lad kroppen falde til
i sit eget tempo.
Læg mærke til det lille skift,
når noget giver en anelse efter.

Kroppen lærer sandhed i små skridt,
ikke gennem pres.
Noget kan have skiftet sig
i kroppen.

Samtale med dig selv

- *Hvor i dig bliver du lille, når længslen efter at høre til melder sig?*
- *Hvordan sanses det i kroppen, når nogen virkelig ser dig?*
- *Hvilke relationer kan bære din ærlige tilstedeværelse — og hvilke kan ikke?*

Der findes ikke rigtige svar. Spørgsmålene er kun tænkt som støtte til at orientere dig — ikke til at vurdere dig.

Integration — At træde frem uden at forlade nogen

Nu må jeg blive — også selvom jeg ikke er nem.
At slippe overtilpasningen handler ikke om at vende sig væk fra andre, men om at vende hjem til sig selv.
Du siger ja langsommere. Du taler fra kroppen. Du mærker, før du handler.
Når du tager dig selv med ind i relationer, behøver du ikke vælge mellem forbindelse og integritet.
Overlevelse skjulte dig.
Kontakt kalder dig frem.

Faglig note

Overtilpasning og pleaser-adfærd kan forstås som et reguleringsmønster, hvor kroppen prioriterer relationel sikkerhed frem for autonomi. Opmærksomheden rettes mod andres signaler, mens egne kropslige fornemmelser og behov nedtones for at mindske risikoen for tab af kontakt. Nyere forskning i affektiv neurovidenskab og tilknytning peger på, at denne form for social orientering er en adaptiv strategi, udviklet i samspil med tidlige relationelle erfaringer, hvor forbindelsen har haft høj overlevelsesmæssig betydning (Schore; Feldman; Barrett).

Udviklingspsykologisk forskning viser, at barnet er biologisk afhængigt af relationen og derfor organiserer adfærd med henblik på at bevare den, også når det indebærer selvtilpasning eller hæmning af egne impulser (Bowlby).
Over tid kan dette stabilisere sig som øget årvågenhed, spænding og reduceret interoceptiv adgang, hvor systemet bliver mere orienteret mod omgivelsernes signaler end mod indre sansning. I et prædiktivt og kontekstuelt perspektiv tilpasser hjernen løbende reguleringen ud fra tidligere erfaringer med, hvad der har sikret kontakt og tryghed (Barrett; Seth & Friston).

I denne bog forstås regulering i sådanne mønstre gennem metoden Deep Containment. Her er fokus ikke på at fjerne tilpasningen, men på at opbygge en stabil indre og relationel beholder, hvor sansninger, affekter og egne behov gradvist kan være til stede uden at true oplevelsen af forbindelse. Metoden bygger på principper om co-regulering, kropslig forankring og gradvis udvidelse af reguleringskapacitet gennem trygge, gentagne erfaringer (Schore; Feldman).

Når kroppen mødes i relationelle kontekster præget af stabilitet, afstemning og forudsigelighed, kan reguleringen langsomt reorganiseres. Muskelspænding kan aftage, åndedrættet blive friere, og interoceptiv kontakt styrkes således, at relation kan erfares uden selvophævelse. Regulering handler dermed ikke om at ophøre med tilpasning, men om at øge bæreevnen, så både kontakt og selvfornemmelse kan være til stede samtidig.

Når tilknytning ikke længere opleves som betinget af selvtilpasning, bliver det gradvist muligt for kroppen at stå mere i sig selv med bevaret relationel kontakt.

22. Sorg

Kroppens åbning mod liv

Indledning

Der er et sted i kroppen, hvor stilheden samler sig. Som et rum bag brystbenet, hvor lyset falder anderledes, og tiden går langsommere.

Måske mærker du det som et tomt sted,
der engang var fyldt.
Som aftryk fra en hånd, der ikke længere ligger i din.
Som en dør, der står på klem efter nogen, der gik.

Sorg kommer ikke som storm.
Den kommer som et landskab —
stille, tyngdefuldt, med en kulde langs ribbenene og et åndedræt, der ikke helt når bunden. Ikke fordi du er svag. Men fordi kroppen husker.

Når noget forsvinder, bliver kroppen stående dér,
hvor forbindelsen slap.

Sorg er det ekko, der bliver tilbage. Når kroppen bærer fraværet længere end ordene gør.

Essens — forståelsen

Sorg er ikke kun en følelse, men også en fysisk tilstand. Når vi mister, samler kroppen sig omkring smerten, som om den forsøger at holde sammen på det, der er blevet brudt. Den reagerer både i alarm og i tilbagetrækning:
pulsen stiger, åndedrættet bliver kortere, skuldrene trækker sig frem, mens kroppen ubevidst leder efter det, der mangler. Sorg er derfor ikke kun fravær — det er kærlighed, der endnu ikke har fundet sin nye form. Når savnet får lov til at blive mødt med nærvær, kan kroppen langsomt slippe kampen mod tabet. Hjernen falder med i en ro, hvor det bliver muligt at bære det, der er sket. Sorg er kærlighed uden modtager — men kroppen ved stadig, hvor den hører til.

En lille fortælling

Kaj står i supermarkedet og rækker automatisk ud efter to kopper yoghurt. Først da han lægger dem i kurven, mærker han forskydningen. Der er kun brug for én. Han sætter den ene tilbage. Hånden bliver stående et øjeblik for længe på hylden.
Det er ikke tanken, der kommer først. Det er kroppen. En tyngde bag brystbenet. En kulde langs ribbenene. Åndedrættet, der ikke helt når ned.
Lydene omkring ham fortsætter som altid. Indkøbsvogne, stemmer, bippende kasser. Men inde i Kaj er der et rum, hvor tiden går langsommere.
Han går videre gennem butikken, finder det, han skal have. Små praktiske bevægelser. Alligevel bliver kroppen stående et andet sted — dér hvor forbindelsen slap.
Ude på parkeringspladsen stopper han et øjeblik. Lægger hånden mod brystet. Ikke for at standse sorgen. Bare for at holde om det, der mangler.
Der er ingen storm. Kun et landskab, han må gå igennem.

Øvelse — Mød tabet i kroppen

Denne øvelse er en invitation — uden pres. Start i et neutralt eller trygt sted i kroppen. Hold pauser, justér eller stop, hvis kroppen siger fra.

Sæt dig et sted, hvor kroppen kan finde tyngde.

Lad tanken strejfe det, du har mistet —
uden at gå ind i historien.

Mærk,
hvor savnet viser sig:
bryst,
strube,
mave,
ryg eller hænder.

Læg hånden dér og sig stille:
Jeg mærker, at du mangler!

Bliv ved sansningen et øjeblik,
som om du giver den plads til at ånde.
Lad åndedrættet bevæge sig blødt mod området,
ikke for at trøste, men for at rumme.

Når fraværet får lov
at få en form,
bliver der også plads
til det, der stadig lever i dig.

Samtale med dig selv

- *Hvordan mærkes sorg i din krop — fravær, tunghed, uro, stilhed?*
- *Hvad sker der, når du ikke forsøger at gå videre, men bliver i savnet?*
- *Hvor mærker du, at kærligheden stadig lever?*

Der findes ikke rigtige svar. Spørgsmålene er kun tænkt som støtte til at orientere dig — ikke til at vurdere dig.

Integration — Når tabet bliver til liv

Tab ændrer formen på kærlighed, men ikke dens essens. Når du giver fraværet plads, bliver sorgen blødere — ikke mindre.
Du opdager, at tabet ikke kun tog noget fra dig, det viste dig dybden af dit hjerte.
At hele betyder ikke at give slip.
Det betyder at give rum.
Når sorgen bevæger sig, bliver den til liv igen.

Faglig note

Sorg påvirker hele organismens regulering og udfordrer hjernens kropsbudget — den løbende fordeling af energi og ressourcer i kroppen. Nyere affektiv neurovidenskab beskriver, hvordan tab kan medføre både søgende uro og perioder med metabolisk dæmpning, hvor systemet reducerer energi, initiativ og følelsesmæssig intensitet for at beskytte organismen mod overbelastning. Pendlen mellem uro og tomhed kan derfor forstås som en måde, hvorpå hjernen forsøger at regulere sine ressourcer — ikke som fravær af følelser (Lisa Feldman Barrett; Antonio Damasio).

Inden for tilknytningsteori og moderne sorgforskning forstås sorg som en reorganisering af hjernens forudsigelser og relationelle regulering. Hjernen arbejder ikke kun reaktivt, men forudsigende, idet den løbende forsøger at forudsige og regulere organismens tilstand i samspil med omgivelserne. Når et menneske forsvinder, må disse forudsigelser gradvist reorganiseres i et nyt relationelt landskab. Et tab er derfor ikke blot en psykologisk hændelse, men et brud i de relationelle mønstre, som nervesystemet har brugt til stabilitet og selvregulering (John Bowlby; George Bonanno; Lisa Feldman Barrett; Karl Friston).

I denne bog forstås arbejdet med sorg gennem metoden Deep Containment. Fokus er ikke at fremskynde sorgen eller reducere den, men at tilbyde en stabil kropslig og relationel beholder (containment), mens nervesystemet er særligt sårbart. Ydre ro, varme, tyngde og forudsigelighed kan reducere de samlede reguleringskrav og støtte kroppen i gradvist at genfinde bæreevne og fleksibilitet. Regulering opstår her gennem gentagne erfaringer af afstemt, tryg kontakt, hvor kroppen kan registrere sikkerhed midt i smerten (Allan Schore; Ruth Feldman).

Somatisk traumeforskning peger på, at integration understøttes, når kroppen får støtte til at rumme intensitet i doserede mængder og gradvist genfinde sin naturlige rytme mellem aktivering og hvile (Peter A. Levine; Robert Schleip; Payne, Levine & Crane-Godreau).

Sorg er ikke et tegn på, at noget er gået i stykker — men kroppens vej tilbage til livet.

23. Når kroppen ligger højt eller lavt

Når kroppen mister sit midtpunkt

Indledning

Der findes dage, hvor kroppen ligger højt, som en spændt streng, der ikke kender hvile.

Puls, der banker lidt hurtigere end nødvendigt,
åndedræt, der ligger tæt på brystbenet,
og et indre tempo, der hele tiden vil videre.

Og der findes dage, hvor kroppen synker ned,
som om tyngden tager over, og hvert skridt må hentes langt inde fra.
Blikket bliver langsommere, musklerne flyder en anelse ud, og verden føles fjern, selv om den står lige foran dig.

Ingen af delene er forkerte. Det er bare kroppen, der prøver at finde en måde at være i livet på, som den kan holde til.

Når nervesystemet ikke længere skifter gear,
men bliver hængende ét sted.

Dette kapitel samler de foregående kapitlers beskrivelser i ét reguleringslandskab.

Essens — forståelsen

Hvor sorg handler om det, vi mister, handler dette kapitel om, hvordan kroppen regulerer livets intensitet. Den bevæger sig hele tiden mellem højere og lavere gear. I højt gear skærpes sanserne, pulsen stiger, og energien mobiliseres. I lavt gear dæmpes tempoet, åndedrættet bliver roligere, og verden kan føles mere fjern.

Ingen af disse tilstande er forkerte. De er kroppens måder at skabe sikkerhed på.

Udfordringen opstår, når bevægelsen mellem dem går tabt, og systemet bliver hængende i alarm eller stilhed.

At forstå traumets spor handler derfor ikke om at komme op eller ned, men om igen at kunne bevæge sig mellem tilstandene uden at miste sig selv.

En lille fortælling

Jonas sidder på caféen og forsøger at høre efter.
Rummet summer let, men hans krop summer stærkere.
Hjertet ligger højt, som om det vil være først i alt.
Tankerne løber forud, og benene føles parate, selv når han sidder stille.
En indre acceleration, der ikke helt passer til situationen. Kroppen ligger højt — klar, mobiliseret, en anelse foran øjeblikket.
På nabobordet sidder en kvinde og ser ned i sin kop.
Hendes skuldre er faldet sammen,
ånden bevæger sig langsomt og næsten uhørligt.
Blikket er vendt indad. Som om energien er trukket væk fra rummet.
Hun ligger lavt. Tempoet er dæmpet.
Kontakten tynd. To mennesker. To nervesystemer.
Begge væk fra midten.
At ligge for højt kan føles som uro, vagtsomhed, rastløshed.
At ligge for lavt kan føles som fladhed, træthed, fravær.
Ingen af delene er forkerte.
De er reguleringsstrategier.
Kroppens måde at holde sig selv i live på —
også når den overdriver en smule.

Øvelse — Find kroppens gear

Denne øvelse er en invitation — uden pres. Start i et neutralt eller trygt sted i kroppen. Hold pauser, justér eller stop, hvis kroppen siger fra.

Sæt dig, så du kan mærke vægten under dig.

Læg mærke til,
om kroppen bevæger sig mod
»mere«
eller »mindre«:
mere puls,
mere energi,
mere fremdrift —
eller mindre styrke,
mindre tempo,
mindre kontakt.

Uden at ændre noget,
bliv et øjeblik
med denne fornemmelse.

Mærk
hvordan kroppen spontant søger balance,
når du holder rummet
for det, der er.

Samtale med dig selv

- *Ligger du oftest højt eller lavt i din hverdag?*
- *Hvad gør kroppen, når den bliver overvældet?*
- *Hvornår mister du fleksibiliteten mellem gearene?*
- *Hvad hjælper dig med at finde midten — bare en anelse?*

Der findes ikke rigtige svar. Spørgsmålene er kun tænkt som støtte til at orientere dig — ikke til at vurdere dig.

Integration — Når gearskiftet vender tilbage

Nervesystemet finder tilbage til fleksibilitet i små bevægelser. Et åndedrag, der bliver dybere.
En skulder, der slipper en anelse. En tanke, der ikke længere løber forud.
Når kroppen mærker, at den både kan skærpe og falde, uden at miste sin indre stabilitet, begynder en stille bæreevne at tage form.
Det er her, livet igen kan mærkes — uden at vælte systemet og uden at falde ud af kontakt.

Faglig note

Højt gear hænger sammen med sympatisk aktivering, hvor puls, muskeltonus og opmærksomhed øges for at muliggøre handling. Lavt gear kan være forbundet med en mere energibesparende autonom tilstand, hvor initiativet falder, og sanseindtryk kan opleves mere dæmpede. Nyere reguleringsforskning peger dog på, at sådanne tilstande ikke bør forstås som faste "gear", men som dynamiske mønstre i et løbende samspil mellem autonom regulering, interoception (indre kropssansning), perception af omgivelser og kontekst, hvor organismen tilpasser sig belastning i omgivelserne (Lisa Feldman Barrett; Karl Friston).

Ved vedvarende belastning eller traume kan nervesystemets fleksibilitet reduceres, så systemet lettere organiserer sig omkring høj aktivering eller energidæmpning. Regulering forstås derfor ikke primært som fravær af aktivering, men som evnen til at bevæge sig fleksibelt mellem tilstande. Moderne affektiv neurovidenskab beskriver denne regulering som resultatet af dynamiske samspil i udbredte neurobiologiske netværk mellem hjerne, krop og omgivelser, hvor kropslige signaler, affektiv betydning og kontekst løbende integreres (Antonio Damasio; Allan Schore).

I denne bog forstås regulering gennem metoden Deep Containment, en krops- og relationsbaseret tilgang, hvor individet støttes i gradvist at kunne være med sansning, affekt og kropslig aktivering uden at miste organisering, kontakt eller tilstedeværelse. Metoden arbejder gennem en stabil reguleringsramme, hvor erfaringer af tilstrækkelig tryghed, forudsigelighed og relationel afstemning øger nervesystemets bæreevne frem for blot at dæmpe arousal (Ruth Feldman; Allan Schore).

Inden for somatisk traumearbejde forstås regulering derfor ikke primært som viljesstyring, men som en erfaringsbaseret og titreret proces, hvor systemet gradvist lærer, at det kan rumme intensitet uden at skifte til vedvarende hyperaktivering, dissociation eller kollaps (Peter A. Levine; Payne, Levine & Crane-Godreau).

Set i et nutidigt forskningsperspektiv handler regulering derfor ikke om at opnå ro som en fast tilstand, men om øget autonom fleksibilitet, interoceptiv integration og relationel forankring.

Regulering er ikke at blive i ro — men at kunne bevæge sig frit mellem gear.

Vejen findes, når du mærker den.

DEL 3 — Helingens bevægelse

Fra beskyttelse til bevægelse

Der findes øjeblikke, hvor noget i dig begynder at røre sig igen.
Ikke som uro, men som livskraft, der vender tilbage — en varme i brystet, en tåre, en bevægelse, der før blev standset.

Det er ikke konflikt. Det er kroppen, der vågner. Kraft, sorg og vrede er ikke modsætninger, men livets måde at finde vej videre på.

Når energien får lov at flyde, genfinder nervesystemet sin rytme mellem spænding og ro.

Heling er ikke noget, du tænker dig til. Det er en bevægelse, der opstår, når kroppen ikke længere skal holde igen.

Her lærer du at give plads til det, der rører sig — så beskyttelse kan blive til bevægelse, og bevægelse til tillid.

24. Kroppens bevægelse

Når livet vil flyde igen

Indledning

Du står stille et øjeblik. Vægten synker ned gennem fødderne, som om underlaget tager imod lidt mere end før.

En tyngde glider langs bagsiden af kroppen,
ikke som træthed, men som jord.

Ud af stilheden rejser en lille impuls sig:
skulderen vil rulle en anelse bagud,
foden vil strække sig længere mod gulvet,
åndedrættet vil tage en blødere bue gennem brystet.

Bevægelsen er der, før beslutningen kommer —
som liv, der vil videre. Når kroppen vågner fra stilstand

Dette kapitel handler om, hvordan bevægelse langsomt kan vende tilbage, når kroppen igen oplever sikkerhed.

Essens — forståelsen

Bevægelse er nervesystemets ældste sprog. Når kroppen møder fare, organiserer den sig før tanken — klar til kamp, flugt eller standsning, når handling ikke er mulig.
Men når faren er ovre, slipper kroppen ikke altid igen.
Det, der engang beskyttede dig, kan blive et ekko i vævet: en kæbe, der holder fast, en nakke, der bærer for meget, et bryst, der tøver mellem to åndedrag.
Kroppen husker.
Når spændingen bliver stående i kroppen, kan fortiden føles som nutid.
Alligevel forsvinder kroppens impulser mod bevægelse ikke; de venter på at blive mødt.
Når du mærker de små signaler indefra, er det kroppen, der siger: Der er igen plads til liv.

En lille fortælling

I mere end 20 år bar jeg på smerter i lænden,
som ingen behandler for alvor kunne lindre.
Jeg fornemmede tidligt, at det ikke handlede om en strukturel skade. Det føltes ældre end som så.
Som en spænding kroppen engang havde organiseret for at beskytte mig.
Smerten varierede i intensitet,
men den var der næsten altid.
Som et mønster, der blev ved med at vende tilbage.
Det var på tredje år af min uddannelse i Somatic Experiencing, i en øvelse, hvor jeg selv var klient, at noget afgørende skete. Vi arbejdede med tydelig støtte og kropslig containment.
En medstuderende holdt blidt og stabil kontakt ved skulder, hofte, knæ og fod.
Kroppen var ikke alene. Den var støttet.
Og så begyndte rystelserne.
Ikke korte eller overfladiske, men dybe og vedvarende.
De fortsatte i næsten 50 minutter, mens opmærksomheden hvilede i området i lænden, hvor smerten havde haft sit hjem i årevis.
Indefra mærkede jeg bølger af kulde, der bevægede sig fra overkroppen og hele vejen ned gennem kroppen og ud i benene.
Det var ikke ubehageligt.
Mere som noget, der vågnede.
Som om kredsløb, kontakt og bevægelse igen fik plads i kroppen.
Rystelserne bevægede sig i en rolig, synkron rytme.

Jeg kunne lade det ske uden at skulle styre noget.
Tårer gled stille ned ad kinderne, med en klar fornemmelse af, at min krop nu havde mulighed for at gøre det, den havde brug for.
Det var ikke noget, jeg gjorde.
Og heller ikke noget, jeg besluttede.
Det var noget, kroppen begyndte på, da betingelserne var til stede.
Rystelserne føltes ikke kaotiske.
De var organiserede.
Som om kroppen langsomt afsluttede en bevægelse, der engang var blevet afbrudt.
Et beskyttelsesmønster, der ikke længere var nødvendigt.
Da øvelsen var slut, var smerten væk.
Ikke mindre. Ikke dæmpet.
Væk. Efter 20 år.
Kroppen vidste, hvad den skulle gøre.
Den havde hele tiden haft den mulighed.
Den ventede blot på tilstrækkelig støtte og sikkerhed til at reorganisere sig.
Ikke alle oplevelser af forandring er så markante.
For nogle sker lettelsen gradvist over flere sessioner.
For andre er forandringen mere subtil.
Kroppen finder altid sin egen vej og sit eget tempo.
Dette er blot én historie.
Et eksempel på, hvad der kan ske, når nervesystemet igen får mulighed for at bevæge sig og organisere sig anderledes.

Øvelse — Bevæg dig blidt indefra

Denne øvelse er en invitation — uden pres. Start i et neutralt eller trygt sted i kroppen. Hold pauser, justér eller stop, hvis kroppen siger fra.

Du behøver ikke gøre noget særligt.
Find en stilling,
hvor kroppen kan hvile i underlaget.

Læg blot mærke til,
hvordan kroppen er lige nu.

Måske er der steder
med varme
eller kulde.

Måske en fornemmelse
af strømning,
tyngde
eller ro.

Hvis der opstår
en lille bevægelse af sig selv —
en rystelse,
en bølge,
et skift i åndedrættet —
så lad den få plads.

Du behøver ikke forstærke den
og heller ikke holde den tilbage.

Bliv hos fornemmelserne,
som de er.
Ikke for at få noget til at ske,
men for at lade det,
der allerede er i gang,
finde sin egen rytme.

Når kroppen har gjort
det, den skal,
vil den ofte selv
falde til ro igen.

Bliv dér et øjeblik
og lad efterklangen lande.

Samtale med dig selv

- *Hvor i kroppen holder du ubevidst igen?*
- *Hvilke bevægelser vækker ro — og hvilke vækker liv?*
- *Hvad sker der, når du følger en impuls i stedet for at styre den?*
- *Hvordan føles det at bevæge dig uden mål — kun for at mærke?*

Der findes ikke rigtige svar. Spørgsmålene er kun tænkt som støtte til at orientere dig — ikke til at vurdere dig.

Integration — Når bevægelsen finder tilbage

Når du følger kroppens små impulser, forstår den, at den ikke længere bærer alene. Gamle spændinger slipper i små skift: et suk, en varme, en anelse plads i nakken.
Bevægelse skal ikke presses frem — den opdages. Kroppen ved, hvor den vil åbne, og når bevægelsen vender tilbage, vender livskraften med den.
At bevæge sig frit er ikke præstation,
men hjemkomst.

Faglig note

Blide, langsomme bevægelser kan bidrage til regulering ved at ændre kroppens sansesignaler gennem proprioceptive og interoceptive kredsløb. Når bevægelsen er rytmisk og uden pres, kan den støtte en mere fleksibel autonom organisering. Regulering opstår i et integreret samspil mellem kropssansning, åndedræt, opmærksomhed og oplevet sikkerhed, hvor hjernen løbende justerer kroppens tilstand ud fra sanset erfaring og kontekst (Barrett; Seth & Friston; Feldman).

Små spontane bevægelsesimpulser kan hjælpe kroppen med gradvist at genoptage bevægelsesmønstre og genskabe rytme i systemet (Levine; Payne, Levine & Crane-Godreau). Samtidig justeres muskeltonus, puls og åndedræt i et gensidigt reguleringskredsløb.

Ved langvarig smerte er det ikke altid vævsskade, der vedligeholder oplevelsen. Moderne smerteforskning viser, at smerte formes af hjernens løbende vurdering af trussel, sikkerhed og kropslige signaler. Lorimer Moseley har vist, at smerte kan ændre sig, når denne vurdering opdateres — også uden strukturelle ændringer i vævet (Moseley; Butler & Moseley).

Ved vedvarende spænding kan der opstå stabile mønstre mellem muskelspænding og forventning om fare, hvor nervesystemet gradvist bliver mere følsomt for smerte — en tilstand kaldet central sensibilisering (Woolf). Når kroppen i en tryg kontekst får mulighed for at bevæge sig spontant, kan sådanne mønstre gradvist reorganiseres. Muskeltonus ændres, sansningen nuanceres, og forudsigelser om fare kan justeres.

Fagligt kan dette forstås som neuroplastisk reorganisering: mindre energi bundet i beskyttelse og større fleksibilitet i reguleringen. Regulering opstår ikke gennem præstation, men gennem tempo, gentagelse og sanset opmærksomhed.

I denne bog forstås bevægelse i forlængelse af metoden Deep Containment, hvor tryg kontakt og kropslig lytning danner rammen for en gradvis udvidelse af nervesystemets kapacitet.

Når bevægelsen bliver lyttet til, begynder kroppen igen at mærke sig selv, og reguleringen kan gradvist blive mere fleksibel.

25. Traume

Når bevægelsen stod alene

Indledning

Du hører en stemme løfte sig en tone for hurtigt.
Eller en hånd bevæger sig mod dig med mere hast,
end kroppen forventer.

Noget holder vejret bag brystbenet.
Maven trækker sig sammen i et kort ryk,
skuldrene løfter sig en anelse,
blikket søger væk, før tanken når at forstå hvorfor.
Kroppen genkender noget,
du ikke længere har ord for.

Bevægelsen sker først —
forklaringen kommer senere.

Det er ikke »fortid«. Det er et mønster i nervesystemet, der stadig forsøger at beskytte dig.

Du kan forstå, tilgive og være videre som menneske —
og kroppen kan stadig være på arbejde.
Ikke som svaghed, men som fortsættelse.

Når kroppen får mulighed for nye erfaringer af tryghed og kontakt, kan reguleringen gradvist ændre sig.

Essens — forståelsen

Traumer opstår ikke kun i det, der sker, men i den måde kroppen må organisere sig for at klare det.
Når kamp eller flugt ikke er mulig, samler kroppen sig i beskyttelse, og denne organisering kan fortsætte, længe efter at faren er forbi.
Derfor viser traumer sig ofte som reaktioner, ikke som fortællinger:
en puls der løber forud, et sammenfald i brystet, et tomrum i nærhed.
Heling begynder sjældent med forståelse alene, men med nye erfaringer i kroppen.
Når nervesystemet igen møder tilstrækkelig sikkerhed, kan reguleringen gradvist ændre sig.
Traume er beskyttelse, der blev stående.
Heling er bevægelsens tilbagekomst.

En lille fortælling

Sara er på vej ud ad døren, da en bil bremser hårdt ude på vejen.
Lyden er kort, men kroppen reagerer, før hun når at tænke.
Noget strammer under brystbenet.
Åndedrættet stopper et øjeblik.
Hænderne bliver faste om dørhåndtaget, skuldrene løfter sig en anelse, og benene gør sig klar til et skridt, selvom hun stadig står stille.
Det hele varer kun få sekunder.
Bilen kører videre.
Gaden er rolig igen.
Alligevel står kroppen et øjeblik tilbage i den samme parathed.
Først bagefter mærker hun det:
den lille rest af spænding i kroppen,
som om systemet stadig er ved at finde tilbage fra et spring, der aldrig blev nødvendigt.

Øvelse — Giv bevægelsen en sti hjem

Denne øvelse er en invitation — uden pres. Start i et neutralt eller trygt sted i kroppen. Hold pauser, justér eller stop, hvis kroppen siger fra.

Sæt Sæt dig eller læg dig et sted,
hvor kroppen kan falde i tyngde.

Find et område,
der føles stramt,
tungt,
dødt
eller uroligt.

Spørg stille:
Hvad har du brug for lige nu?
Vent uden at styre.

Læg mærke til
den første lille impuls:
en mikrobevægelse i fingrene,
et stræk langs ryggen,
et suk,
en varme,
et lille ryk.

Giv bevægelsen
plads nok
til at være der.
Ikke presset frem —
kun tilladt.

Afslut med:
Tak fordi du bar mig.
Kroppen finder ofte
mere ro,
når den ikke længere
står alene.

Samtale med dig selv

- *Hvor i kroppen mærker du noget, der stadig kalder på opmærksomhed?*
- *Hvilke situationer vækker gamle reaktionsmønstre i dit nervesystem?*
- *Kan du lade kroppen mærke det der er — uden først at skulle forstå det?*

Der findes ikke rigtige svar. Spørgsmålene er kun tænkt som støtte til at orientere dig — ikke til at vurdere dig.

Integration — når fortiden forlader kroppen

Heling betyder ikke at ændre historien,
men at lade kroppen få nye erfaringer.
Når nervesystemet igen oplever tilstrækkelig sikkerhed, behøver det ikke længere holde samme beredskab. Farver vender tilbage.
Åndedrættet lander dybere. Kroppen reagerer på nuet — ikke på ekkoet. Traume var aldrig en fejl.
Det var kroppens måde at beskytte dit liv.
Når spændingen slipper sit greb,
sker det ikke som opgivelse —
men som lettelse.
Det er her livet igen kan mærkes.

Faglig note

Traume kan forstås som en vedvarende reguleringspåvirkning, hvor organismens reguleringssystem får reduceret fleksibilitet i samspillet mellem aktivering, dæmpning, sansning og vurdering af sikkerhed. Kroppen kan dermed rumme både høj indre aktivering og hæmmet bevægelse eller mere udtalt energidæmpning, hvilket kan vise sig som ændret muskeltonus, tilbageholdt åndedræt, uro, kuldefornemmelse eller følelsesmæssig afkobling (Levine; van der Kolk; Schore).

Nyere affektiv neurovidenskab peger på, at organismen løbende regulerer ud fra prædiktive vurderinger af kropslige signaler, tidligere erfaringer og oplevet sikkerhed. Når systemet er præget af overvældelse, kan kroppen fortsat reagere med alarm eller tilbagetrækning, selv i objektivt trygge situationer, hvilket kan begrænse kontakt, nærvær og autonom fleksibilitet (Barrett; Seth & Friston; Feldman).

Regulering opstår primært gennem kropslige og relationelle processer. Sansning, orientering, små spontane bevægelser, udånding, rytme og varme kan i doserede og trygge rammer gradvist reducere alarmberedskabet og støtte øget interoceptiv integration og oplevet sikkerhed (Levine; Payne, Levine & Crane-Godreau).
I denne bog forstås processen i forlængelse af Deep

Containment, hvor en stabil kropslig og relationel ramme øger bæreevnen, så aktivering kan integreres uden overvældelse.

Kroppen reorganiserer gradvist sin regulering, når bevægelse, orientering og kontakt igen opleves som sikre og mulige.

26. Aggression

Livets skjulte kraft

Indledning

Når kraften får lov at leve. Pulsen tager tempo. Musklerne vågner, som om de griber fat i jorden indefra. Varmen stiger langs rygsøjlen og breder sig ud mod skuldrene, en bevægelse, der vil fremad — ikke væk.

Kroppen står en anelse højere;
vægten samler sig i benene, og noget i brystet presser på som en styrke, der vil ud i verden.

Ikke uro. Ikke raseri.
Bare liv, der rejser sig.

For nogle føles denne kraft fremmed, som om den bærer en skygge af skam eller tab.
Men under spændingen ligger retning —
et instinkt der siger:
Jeg hører til her!

Når kraften får lov at bevæge sig gennem hele kroppen, bliver den ikke ødelæggende —
den bliver bærende.
En måde at stå i sig selv, uden at forlade andre.

Essens — forståelsen

Aggression er kroppens oprindelige livskraft. Den er ikke vold, men bevægelse — en impuls til at beskytte og sætte grænser. Når forbindelsen til kroppen brydes af traume, dæmpes energien, og det bliver lettere at tie end at tage plads.

Den tilbageholdte kraft kan vise sig som træthed, uro eller indadrettet kollaps. Det er ikke svaghed, men en gammel loyalitet: kroppen holdt igen for at bevare relation.

At genfinde aggressionen er at genfinde retning. Uden kontakt bliver energien til kontrol eller udbrud; i nærvær bliver den til klarhed og grænse.

Sund aggression beskytter og slipper igen. Den er ikke ødelæggelse, men livskraft, der får lov at leve.

En lille fortælling

Jesper står ved arbejdsbordet og forsøger at samle sig. Kollegaen har endnu engang afbrudt ham midt i en sætning, og noget i Jespers bryst strammer til — et lille, hurtigt stød af varme. Han synker det som altid, løfter skuldrene en smule og fortsætter, selvom stemmen bliver fladere.

Men da kollegaen afviser hans forslag med et hurtigt grin, rejser noget i Jesper sig, før han når at tænke. En varme løber op gennem maven, benene står tungere mod gulvet, og han mærker en klarhed langs rygsøjlen, som om kroppen tager plads for ham. Han trækker vejret ind, dybere end han plejer. Ikke for at angribe — men fordi noget i ham ikke længere vil falde sammen.

Jeg vil gerne gøre mit punkt færdigt! siger han roligt, og stemmen bærer på en styrke, han næsten havde glemt.

Kollegaen stopper. Rummet bliver stille. Jesper mærker varmen brede sig ud mod skuldrene og opdager, at han står anderledes — mere i sig selv. Det er sådan sund aggression føles: ikke som kamp, men som retning og værdighed.

Øvelse — Giv plads til gløden

Denne øvelse er en invitation — uden pres. Start i et neutralt eller trygt sted i kroppen. Hold pauser, justér eller stop, hvis kroppen siger fra.

Stå med fødderne solidt i gulvet.
Lad åndedrættet falde ned i maven.

Fremkald en situation,
hvor du blev overhørt
eller overskredet.
Mærk, hvor energien samler sig —
bryst,
ben,
mave
eller kæbe.

Lad en lille bevægelse
opstå herfra:
et skift i vægten,
et stræk,
en varme,
en impuls til at træde frem.

Lyt til spændingen uden at presse den.
Hvis der kommer en bølge af kulde, varme,
eller tårer, så lad dem passere.

Det er kraft, der finder hjem.

Samtale med dig selv

- *Hvor i dit liv har du brug for at tage mere plads?*
- *Hvor holder du energien tilbage for at bevare fred?*
- *Hvordan føles kraft i kroppen, når den er varm, rolig og levende?*

Der findes ikke rigtige svar. Spørgsmålene er kun tænkt som støtte til at orientere dig — ikke til at vurdere dig.

Integration — At tage plads uden at tage over

Når aggression mærkes indefra, vender autonomi og integritet tilbage. Kraften adskiller det, du vil, fra det, du ikke vil. Den lærer dig at tage plads uden at tage andres. Bag enhver undertrykt vrede bor et hjerte, der længes efter at blive mødt.

Et reguleret nervesystem kan rumme både ro og kraft — to sider af den samme livsbevægelse.

Når kraft og kontakt mødes, bliver styrke til nærvær.

Faglig note

Aggression kan forstås som en mobiliserende biologisk impuls forbundet med organismens handlekraft, grænsesætning og beskyttelse. Når denne impuls ikke kan udfolde sig — fordi handling ikke er mulig, sikker eller socialt tilladt — kan mobiliseringen fastholdes som et vedvarende indre alarmberedskab. Dette kan vise sig som muskelspænding, irritabilitet, overkontrol eller udmattelse og afspejler en vedvarende mobilisering snarere end et overskud af "vrede" i psykologisk forstand (Levine; van der Kolk).

Nyere forskning i affektregulering og neurobiologi peger på, at det afgørende ikke er graden af aktivering, men fleksibiliteten i reguleringen. Når mobilisering ikke kan omsættes i handling, bevægelse eller tydelig grænsesætning, kan organismen organisere sig i et spændingsfelt mellem aktivering og hæmning, hvor både alarm og kontrol opretholdes samtidig (Schore; Barrett; Feldman). Dette reducerer autonom fleksibilitet og øger den samlede reguleringsbelastning over tid.

I sådanne tilstande kan tankemylder opstå som en del af organismens forsøg på at skabe overblik og forudsige mulige trusler. Hjernen gennemløber hurtigt forskellige scenarier i et forsøg på at genoprette kontrol og sikkerhed. Tankerne er derfor ikke nødvendigvis problemet i sig selv, men et tegn på, at systemet forsøger at regulere vedvarende aktivering gennem kognitiv bearbejdning (Barrett; Seth & Friston).

Inden for kropsorienteret traumearbejde arbejdes der derfor med sansning, titrering og gradvis udforskning af mobiliseringsimpulser, så organismen igen kan opleve mobilisering som reguleret handlekraft frem for vedvarende spænding (Levine; Payne, Levine & Crane-Godreau). Når impulsen får mulighed for at udfolde sig i doserede og trygge rammer, kan alarmberedskabet gradvist reduceres, og regulering understøttes gennem øget kropslig orientering, friere åndedræt og mere fleksibel muskeltonus.

Forskning i relationel regulering understreger samtidig, at tryg kontakt, afstemning og oplevet sikkerhed understøtter integrationen af stærke affekter ved at øge følelsesmæssig fleksibilitet og kropslig selvfornemmelse (Schore; Feldman). I denne bog forstås processen i forlængelse af Deep Containment, hvor kroppens kraft ikke undertrykkes, men rummes i en stabil kropslig og relationel ramme, så mobiliseringen kan integreres uden overvældelse.

Når kroppen mærker sin egen kraft, kan den beskytte det, der er betydningsfuldt, uden at miste kontakt til sig selv eller andre.

27. Pendulering

Når rytmen vender tilbage

Indledning

Brystet trækker sig sammen i en smal, tæt bevægelse.
Maven holder vejret et øjeblik, som om kroppen
samler sig om et midt punkt.

Så kommer udåndingen, langsomt.
Vævet giver efter i et blødt fald mod gulvet.
Varmen breder sig langs ribbenene.
Skuldrene synker, uden at blive bedt om det.

Stramning. Slip.

En stille bevægelse frem og tilbage, som et indre
tidevand der ved, hvornår det skal trække sig væk,
og hvornår det vender tilbage igen.

Kroppen presser ikke.
Den finder vej i svingninger.

Mellem det, der holder fast,
og det, der åbner sig, når tiden er moden.
Ikke som teknik. Som rytme.
Livets egen måde at finde hjem på.

Essens — forståelsen

Når noget bliver for meget, trækker kroppen sig indad for at beskytte. Når den mærker sikkerhed, åbner den sig igen. Det er denne løbende bevægelse — mellem sammentrækning og udvidelse — der regulerer nervesystemet.

Traume opstår, når denne bevægelighed bliver begrænset: når kroppen bliver ved med at reagere i alarm eller i sammenfald og har svært ved at finde tilbage til fleksibilitet.

Heling handler derfor ikke om at forblive i ro, men om igen at kunne bevæge sig mellem tilstande uden at blive fanget i nogen af dem.

Når kroppen igen får mulighed for at pendulere, vender fleksibiliteten gradvist tilbage — og med den, oplevelsen af mere plads i systemet.

Pendulering gør plads til bevægelse.

Bevægelse gør plads til heling.

En lille fortælling

Anna sagde, at hun ikke kunne mærke noget.
Når hun prøvede, blev hun enten svimmel eller helt tom. En dag bad jeg hende vælge én sans.
Hun valgte lyset på væggen — et blødt skær fra eftermiddagssolen.
Lige efter kørte en bil forbi udenfor, og hun stivnede.
Den lyd kan jeg mærke!
sagde hun og lagde hånden på brystet.
Vi lod kroppen finde tilbage til lyset.
Det her er bedre, sagde hun stille.
Det gør mig rolig.
Det var første gang, hun mærkede forskellen på det, der overvældede, og det, der bar.
Et lysfald. En lyd. Et skift i kroppen. Sanserne kunne vise hende vejen — én fornemmelse ad gangen.

Øvelse — Bevæg dig mellem to steder

Denne øvelse er en invitation — uden pres. Start i et neutralt eller trygt sted i kroppen. Hold pauser, justér eller stop, hvis kroppen siger fra.

Sæt dig et sted, hvor kroppen kan finde tyngde.

Luk øjnene og mærk ét område,
der føles roligt eller neutralt.

Land dér
et øjeblik.

Flyt så blidt
opmærksomheden
hen mod overgangen
til et mere aktivt sted —
uden at gå helt ind i det.

Bliv kun dér
så længe kroppen
kan være med.

Vend derefter tilbage
til det rolige sted.

Lad opmærksomheden
vandre frem og tilbage
som en stille bølge.

Ikke for at ændre noget,
men for at vise kroppen:

Jeg kan mærke det svære
og stadig være her.

Samtale med dig selv

- *Hvor i kroppen findes der stabilitet eller ro?*
- *Hvordan føles det at forlade roen — og at komme tilbage?*
- *Kan du registrere de små skift i puls, temperatur og muskeltonus?*

Der findes ikke rigtige svar. Spørgsmålene er kun tænkt som støtte til at orientere dig — ikke til at vurdere dig.

Integration — Svingninger som en dans

Pendulering er ikke at undgå intensitet. Det er måden, kroppen bærer den på. Når rytmen får lov at bevæge sig, bliver heling mindre kamp og mere dans.
Du lærer at vende tilbage til ro, ikke som flugt, men som hjemkomst. Heling er ikke at blive i ro — men at kunne finde den igen og vide, at den altid er der med dig.
Bevægelsen mellem spænding og ro bliver ikke noget, du styrer, men noget du mærker.

Faglig note

Pendulering kan forstås som organismens reguleringsmæssige evne til at bevæge sig fleksibelt mellem mobilisering, dæmpning og reguleret kontakt. Nyere reguleringsforskning beskriver ikke denne bevægelighed som et simpelt skift mellem to autonome "tilstande", men som et dynamisk samspil mellem aktivering, interoception, kontekstuel vurdering og oplevet sikkerhed, hvor kroppen løbende justerer sin respons i forhold til omgivelser og indre signaler (Barrett; Feldman; Seth & Friston).

Når skiftene kan ske gradvist og uden overvældelse eller kollaps, øges organismens samlede reguleringskapacitet. Det kan blandt andet komme til udtryk som større autonom fleksibilitet, mere variabel hjerterytme, friere åndedræt og en forbedret evne til at bevæge sig ud af stress og tilbage i reguleret kontakt. Samtidig styrkes evnen til at skelne mellem aktivering forbundet med tidligere erfaringer og impulser, der hører til i nuet, hvilket er centralt for følelsesmæssig modning og selvregulering (Schore; van der Kolk).

Inden for kropsorienteret traumearbejde beskrives pendulering som en doseret bevægelse mellem ressourcer og belastning, hvor sansning, orientering og kropslig forankring understøtter reguleringen uden at presse systemet (Levine; Payne, Levine & Crane-Godreau). I denne bog forstås pendulering i forlængelse af Deep Containment, hvor en stabil kropslig og relationel ramme gør det muligt at bevæge sig ind og ud af aktivering med bevaret kontakt til kroppen og omgivelserne.

Resiliens forstås således ikke som fravær af belastning, men som evnen til igen og igen at bevæge sig gennem aktivering og vende tilbage til reguleret tilstedeværelse. Det er bevægeligheden — ikke stilstand eller kontrol — der muliggør varig regulering.

Pendulering giver kroppen mulighed for at vende tilbage til sig selv.

28. Titrering

Kunsten at dosere liv

Indledning

Du mærker en varme brede sig langs brystet,
ikke som et gennembrud, men som en langsom
sivning.

Pulsen stiger en anelse, så falder den tilbage i ro,
som en bølge, der ikke skyller helt i land.

Åndedrættet glider dybere af sig selv, men kun et par
centimeter længere end tidligere.

Ingen store skift. Ingen kraftige udladninger.
Kun små bevægelser, kroppen kan bære uden at miste
sig selv.

Dette er helingens tempo. Ikke alt på én gang,
men lidt ad gangen — i mængder, der kan fordøjes,
så nervesystemet kan åbne uden at vælte.

Når du bevæger dig på denne måde, begynder
kroppen at huske, at livet godt kan komme tæt på
uden at du oversvømmes.

Når det små begynder at bære.

Essens — forståelsen

Når du nærmer dig det svære lidt ad gangen, lærer nervesystemet, at intensitet kan bæres uden at splitte dig ad. Ikke ved at fortrænge, men ved at give plads. Når uro mødes og kroppen vender tilbage til ro, skabes et nyt spor mellem fare og tryghed.
Det er fysiologi: hver bevægelse mellem spænding og regulering styrker rytmen, så systemet ikke fastlåses i alarm eller kollaps. Går du for hurtigt frem, lukker kroppen sig; for langsomt, og bevægelsen stivner. Titrering er at lade intensiteten komme i små bølger, der kan bæres. Heling begynder, når kroppen mærker, at den ikke længere står alene med det svære.

En lille fortælling

Andrea står i køkkenet og skærer en citron over. Duften løfter sig, skarp og klar, og et øjeblik strammer noget let i brystet, som en lille bølge, der rører hende mere end forventet. Hun stopper ikke. Hun stopper heller ikke sig selv.
Hun lader bare hånden hvile mod bordkanten, mens åndedrættet finder en anelse mere plads. Stramningen slipper ikke helt, men den vælter hende heller ikke. Den ligger dér som en stille kant, mens kroppen bevæger sig en centimeter dybere i ro. Lige nok til at mærke — ikke nok til at miste fodfæstet. Andrea skærer videre, langsomt, og mærker, hvordan tidligere erfaringer kommer tæt på i små glimt — også det svære, også det der før var for meget — men nu i doser kroppen faktisk kan bære.

Øvelse — Liv i små bølger

Denne øvelse er en invitation — uden pres. Start i et neutralt eller trygt sted i kroppen. Hold pauser, justér eller stop, hvis kroppen siger fra.

Begynd med at finde et sted i kroppen,
der føles neutralt
et sted som bare er.

Bliv dér et øjeblik.

Sæt dig,
så kroppen kan lande.
Lad opmærksomheden hvile
i det rolige sted
og mærk åndedrættet,
som det er.

Lad dernæst tanken kort
berøre noget,
der vækker en lille uro.
Ikke mere end en anelse.
Lyt til kroppens svar.

Vend derefter tilbage
til det rolige sted
og lad kroppen falde til igen.

Hvis noget føles for meget,
stop
og orientér dig i rummet.
Det er ikke et nederlag —
det er regulering.

Titrering er,
når kroppen får lov
at bevæge sig
i sit eget tempo.

Samtale med dig selv

- *Hvornår blev det for farligt at mærke for meget?*
- *Hvad sker der, når du lader livet komme tæt på i små doser?*
- *Kan du mærke forskellen på at være i det små — og på at blive væltet af det, der er for meget?*

Der findes ikke rigtige svar. Spørgsmålene er kun tænkt som støtte til at orientere dig — ikke til at vurdere dig.

Integration — Den stille rytme

Titrering er ikke at gå langsomt, men at gå klogt.
At lade livet vende tilbage i et tempo, hvor du ikke mister dig selv.
Når kroppen begynder at stole på rytmen, begynder hjernen også at registrere, at kroppen ikke er et farligt sted.
Styrken genopstår indefra — ikke som udbrud, men som en rolig puls.
Heling er ikke et klimaks, men en rytme.
Når livet doseres nænsomt, kan selv det svære bæres.

Faglig note

Titrering er en central proces i kropsorienteret traumearbejde og beskriver den gradvise, doserede aktivering af organismens reguleringssystem i mængder, som kroppen kan rumme uden overvældelse. Når intensiteten holdes inden for et tolerer bart spænd, bliver det muligt at mobilisere energi og samtidig bevare orientering, kontakt og regulering. Dermed undgås abrupt skift til overvældelse, dissociation eller kraftig dæmpning, og systemet kan i stedet vende tilbage til stabilitet med øget bæreevne (Levine; Payne, Levine & Crane-Godreau).

Titrering bygger på antagelsen om, at integration ikke sker gennem maksimal aktivering, men gennem rytmisk vekslen mellem aktivering, sansning og reguleret hvile. Nyere forskning i affektregulering og interoception peger på, at denne doserede pendulering understøtter autonom fleksibilitet, mere variabel hjerterytme, afbalanceret muskeltonus og en tydeligere kropslig fornemmelse af nærvær (Schore; van der Kolk; Feldman). Over tid kan kroppen dermed genlære, at aktivering ikke nødvendigvis fører til overvældelse, men kan opleves som bevægelse, vitalitet og handlekraft.

I denne bog forstås titrering i forlængelse af metoden Deep Containment, hvor fokus ikke alene er dosering af aktivering, men opbygning af en stabil kropslig og relationel bæreevne. Aktivering mødes inden for en regulerende ramme, hvor organismen kan bevare orientering, sansning og kontakt, samtidig med at intensitet gradvist integreres. Regulering opstår dermed ikke gennem nedbremsning eller kontrol. Men gennem øget kapacitet til at rumme aktivering uden tab af organisering, hvilket muliggør fleksibel bevægelse mellem mobilisering, sansning og reguleret tilstedeværelse.

Livet vender tilbage, når aktivering får lov at ske i små, doserede bevægelser.

29. Tårer

Kroppens måde at slippe på

Indledning

Du sidder stille, og noget samler sig under øjenlågene. Ikke som en bølge, der truer med at vælte dig, men som fugt, der langsomt søger vej ud, mens kæben slipper sit greb en anelse.

Åndedrættet stopper kort, brystet holder sig tilbage, som om kroppen vil bære det alene et øjeblik mere. Så giver det efter. En tåre. Måske to. Ikke dramatisk, ikke forklarende — bare væske, der forlader kroppen, fordi det ikke længere kan bæres inde. Det ser småt ud udefra. Men indeni er det et slip i vævet, et sted hvor kroppen lader livet bevæge sig uden at gå i stykker.

Noget falder en anelse på plads, ikke som lettelse, men som mindre spænding. Kroppen bliver ikke fri, men mere gennemtrængelig. Åndedrættet finder igen bevægelse, langsomt og ujævnt, og brystet giver lidt mere rum. Det, der kom ud, var ikke forklaring, men regulering. En måde for kroppen at sige: dette kan nu bevæge sig videre.

Tårer er ikke svaghed. Det er kroppen, der åbner en vej ud.

Essens — forståelsen

Gråd er ikke svaghed.
Det er kroppen, der bevæger sig igen.
Tårerne kommer, når noget indeni ikke længere behøver holdes helt så stramt. Åndedrættet brydes, brystet åbner sig, og spændinger begynder langsomt at give efter. Derfor mærker mange en stille lettelse bagefter. Ikke fordi smerten forsvinder, men fordi kroppen ikke længere står alene med den. Gråd er ikke et sammenbrud. Det er en bevægelse tilbage mod kontakt. Når tårerne får plads, begynder kroppen igen at finde sin rytme. Noget bløder op i kæben, i brystet, i maven. Det er kroppen, der siger:
Jeg kan mærke igen.
Jeg behøver ikke holde det hele selv.
Og i det øjeblik bliver selv det svære en lille smule lettere at bære.
Når du giver gråden lov, siger du til din krop:
Jeg ser dig. Du behøver ikke gemme dig længere.

En lille fortælling

Sif sidder ved bordet med hænderne foldet om en kop, der ikke længere er varm. Hun følger kanten med tommelfingeren, en lille cirkel, der gentager sig selv, mens noget i brystet bliver tungere, uden at hun helt ved hvorfor. Da hun løfter blikket, flakker det et øjeblik, som om verden står en smule længere væk end før.

En varme trækker sig op bag øjnene, ikke pludseligt, bare stille — som dug, der har været på vej længe. Hun forsøger at synke det, skubber stolen en centimeter tilbage, retter sig op, som om kroppen kan holde det på plads. Men kæben slipper en anelse, åndedrættet standser et øjeblik, og en enkelt tåre finder sin vej ned over kinden, før hun når at beslutte noget.

Sif tørrer den ikke væk. Hun mærker den glide. Den bløde tyngde, der følger efter.

Det er ikke sammenbrud.

Det er kroppen, der giver lidt efter —

bare nok til at hun kan trække vejret igen.

Hun bliver siddende et øjeblik endnu. Noget i hende har flyttet sig en anelse.

Skuldrene synker.

Indåndingen når lidt dybere.

Sorgen er der stadig —

men den fylder ikke længere hele rummet.

Øvelse — Lad gråden finde sin vej

Denne øvelse er en invitation — uden pres. Start i et neutralt eller trygt sted i kroppen. Hold pauser, justér eller stop, hvis kroppen siger fra.

Find et sted,
hvor kroppen kan lande.
Mærk fødderne mod gulvet
eller tyngden mod underlaget,
hvis du ligger.

Vend opmærksomheden
mod det sted,
hvor noget presser på —
bryst,
hals
eller bag øjnene.

Hvis tårerne kommer,
lad dem komme.
Ikke fremkaldt,
ikke holdt tilbage —
blot tilladt.

Lad åndedrættet
bevæge sig
i små,
bløde bølger

omkring det.

Når gråden stilner,
mærk det lille skifte:

en dybere udånding,
en varme bag ribbenene,
et større rum indeni.

Gråd er ikke tab af kontrol —
det er kroppen,
der åbner igen.

Samtale med dig selv

- *Hvem lærte dig, at tårer skulle gemmes væk?*
- *Hvor i kroppen holder du tilbage, når du egentlig har brug for at give slip?*
- *Hvordan mærkes forskellen på gråd, der kommer af overvældelse — og gråd, der kommer af forløsning?*

Der findes ikke rigtige svar. Spørgsmålene er kun tænkt som støtte til at orientere dig — ikke til at vurdere dig.

Integration — Når tårer bærer dig

Tårer er ikke enden på en historie. De er begyndelsen på en ny kontakt. Når du tillader dem at strømme, bliver spænding til bevægelse, og det fastlåste bliver til noget, der kan bæres.
Du mærker dig selv tydeligere. Du mærker verden tættere på. Tårer gør dig ikke mindre stærk.
De gør dig levende. Når du græder, taler kroppen sandhed — og hjertet begynder at forstå.

Faglig note

Følelsesmæssige tårer er en del af kroppens reguleringsprocesser. Gråd påvirker flere fysiologiske systemer samtidig, herunder åndedræt, hjerterytme og muskeltonus. Mange oplever derfor en følelse af lettelse eller afspænding efter gråd, hvilket kan hænge sammen med ændringer i autonom regulering og en gradvis bevægelse fra høj aktivering mod mere parasympatisk dominans (Levenson; Feldman).

Under gråd bliver udåndingen ofte længere og mere rytmisk. Forlænget udånding er forbundet med øget parasympatisk aktivitet og kan bidrage til at stabilisere hjerterytme og regulere arousal. Samtidig kan muskeltonus i ansigt, kæbe, bryst og mellemgulv ændre sig, hvilket kan reducere kropslig spænding og understøtte en mere fleksibel reguleringstilstand.

Gråd har også en vigtig social funktion. Evolutionært fungerer følelsesmæssige tårer som et signal om behov for støtte og kan aktivere omsorgs- og tilknytningssystemer hos andre. Denne sociale respons kan styrke co-regulering og bidrage til, at stærke affekter integreres uden overvældelse (Keltner; Feldman).

I traumearbejde forstås gråd derfor ikke nødvendigvis som et tegn på sammenbrud, men som en mulig del af organismens reguleringsproces. Når følelser får plads i et trygt kropsligt og relationelt rum, kan spænding gradvist aftage, og systemet kan bevæge sig mod øget autonom fleksibilitet.

Tårer er en bevægelse tilbage mod tryghed, kontakt og livet.

30. Hjertets rytme og åndedrættets bevægelse

Når kroppen finder sin takt

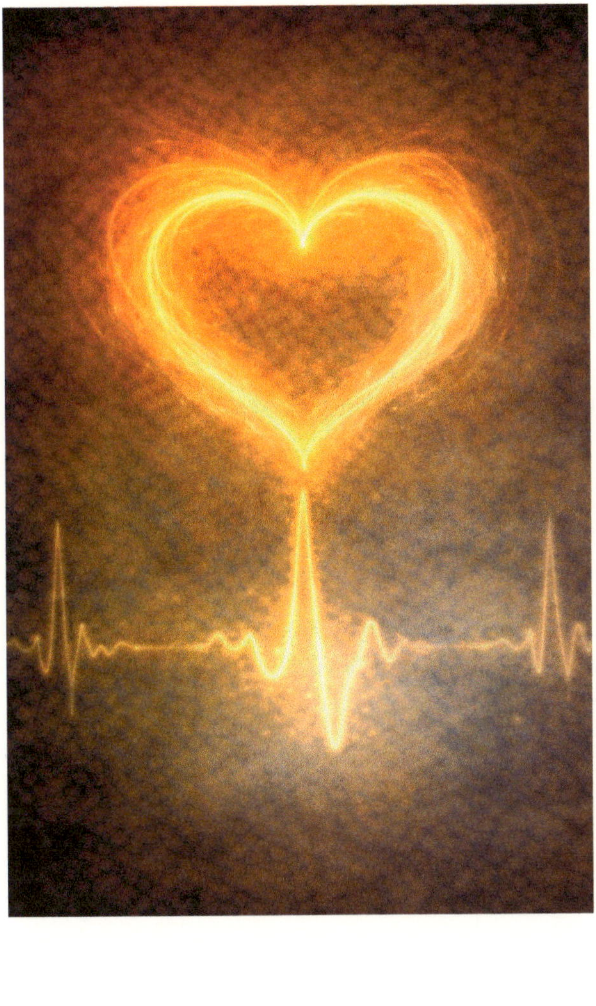

Indledning

Du sidder stille, uden at skulle noget.

Luften bevæger sig langsomt ind gennem næsen,
en smal strøm, der finder plads bag brystbenet.
Ribbenene giver efter i et blødt skift, og udåndingen
synker af sig selv, uden du styrer den.

Hjertet svarer i en lidt hurtigere takt, som om det
leder efter et sted at lande. Ikke som alarm,
men som bevægelse uden følgeskab.

Lidt efter falder rytmen en anelse, brystet åbner sig
mere plads, åndedrættet følger med.
Her begynder roen: to systemer, der igen falder ind i
samme tempo, ikke som kontrol, men som et møde.

Når hjertet og åndedrættet finder hinanden, bliver
kroppen stille indefra — ikke fordi noget forsvinder,
men fordi livet kan bæres i egen rytme.

Essens — forståelsen

Hjertet er kroppens rytme og regulerer ikke kun blod, men tilstand. Gennem vagusnerven sender det signaler om tryghed eller alarm. Når du er tryg, slår det roligt; ved utryghed ændres rytmen.
Åndedrættet følger tæt. Det afspejler din tilstand og forbinder det bevidste med det ubevidste. Når hjerte og åndedræt bevæger sig i takt, opstår kohærens — en samklang, hvor kroppen finder ro.
Ved stress forstyrres rytmen, men den kan genlæres. Du kan ikke tvinge hjertet til ro, men du kan skabe betingelserne for, at det falder til.

En lille fortælling

Mathilde ligger på sofaen med et tæppe over benene. Hun havde tænkt, at hun bare skulle hvile et øjeblik, men da hun lukker øjnene, bliver stilheden større, end hun regnede med.
Åndedrættet er kort i starten, som om kroppen ikke helt ved, hvor den skal lande.
Så glider luften en anelse dybere ned gennem brystet, og hun mærker hjertet svare med et lille hop, som om det leder efter en rytme, hun har glemt. På næste udånding falder skuldrene en millimeter. Så én til. Pulsen bliver mindre kantet, mere som en blød bølge, og rummet omkring hende får igen form.
Mathilde lægger hånden på brystet, ikke for at skabe ro, men for at mærke den ro, der allerede er på vej. Hjertet og åndedrættet finder et fælles tempo, så stille, at hun næsten overser det — men kroppen ved det før hun gør. Det er øjeblikket, hvor rytmen vender tilbage: ikke som en præstation, men som et lille tegn på, at hun er her.

Øvelse — Hjertets og åndedrættets rytme

Denne øvelse er en invitation — uden pres. Start i et neutralt eller trygt sted i kroppen. Hold pauser, justér eller stop, hvis kroppen siger fra.

Sæt dig behageligt, og læg den ene hånd på hjertet
og den anden på maven.

Luk øjnene, og mærk luften bevæge sig
ind og ud, uden at du ændrer noget.

Lad opmærksomheden
følge bevægelsen i brystet,
som langsomt bliver blødere.

Tænk på et menneske eller et øjeblik,
der vækker mildhed i dig.
Lad følelsen brede sig omkring hjertet
og videre ned mod maven
i sit eget tempo.

Mærk,
hvordan åndedrættet finder en rytme,
og hvordan varme
samler sig under hænderne.

Bliv dér et øjeblik — hvor hjertet
og åndedrættet møder hinanden.

Samtale med dig selv

- *Hvordan mærker du dit hjerte, når du er tryg — og når du ikke er?*
- *Hvornår opdager du, at du holder vejret, og hvordan møder du det?*
- *Hvordan ændrer din puls og dit åndedræt sig, når du føler dig set eller mødt?*
- *Hvad sker der, når du tillader kroppen at ånde frit — uden at styre den?*

Der findes ikke rigtige svar. Spørgsmålene er kun tænkt som støtte til at orientere dig — ikke til at vurdere dig.

Integration — Den samlede koreografi

Hjertet er en stjerne.
Åndedrættet er vinden, der bærer dig mod den.
De to bevæger sig som partnere i en dans, der gennem hele livet viser vejen hjem.
Når hjertet falder til ro, følger åndedrættet efter.
Når åndedrættet bliver frit, finder hjertet sin rytme.
I denne bevægelse mødes krop og oplevelse.
Herfra spirer trygheden — ikke som tanke, men som erfaring.
Når hjertet falder til ro, finder kroppen hjem.

Faglig note

Hjerterytme og åndedræt indgår i et tæt samspil i organismens reguleringssystem og udgør en central del af den løbende kropslige tilpasning til belastning og hvile. Denne sammenhæng koordineres gennem autonome reguleringsprocesser og interoceptive kredsløb, hvor signaler mellem hjerne, hjerte, lunger og resten af kroppen kontinuerligt integreres. Nyere forskning beskriver ikke dette som ét enkelt neurobiologisk kredsløb, men som et dynamisk samspil mellem respiration, hjerterytme, opmærksomhed og oplevet sikkerhed (Thayer & Lane; Feldman; Barrett).

Når åndedrættet bliver roligt, rytmisk og forudsigeligt, understøttes organismens regulering gennem øget parasympatisk aktivitet og mere fleksibel autonom balance. Dette påvirker hjertets rytme og øger hjerterytmevariabiliteten (HRV), som er forbundet med bedre affektregulering, stressmodulation og evnen til at bevæge sig fleksibelt mellem mobilisering og hvile (Thayer & Lane; Shaffer & McCraty). Samtidig bidrager rytmisk vejrtrækning til regulering af muskeltonus, hormonel aktivitet og metabolisk stabilitet gennem integrerede kropslige reguleringsprocesser.

Forskning i affektiv neurovidenskab peger på, at koordinerede rytmer i åndedræt og hjertefunktion understøtter interoceptiv integration og oplevelsen af sammenhæng i kroppen. Når organismens rytmiske systemer bevæger sig mere synkroniseret, reduceres autonom aktivering, og kroppen kan i højere grad bevare orientering, kontakt og indre stabilitet (Feldman; Barrett).

I denne bog forstås denne rytmiske regulering i forlængelse af Deep Containment, hvor langsomhed, forudsigelighed og kropslig rytme danner en stabil regulerende ramme, som øger kroppens bæreevne frem for at presse systemet mod kontrol eller nedbremsning.

Når hjerte og åndedræt igen bevæger sig i samklang, kan organismen gradvist genfinde sin rytmiske regulering og oplevelse af indre sammenhæng.

Ro opstår, når kroppen igen finder sin rytme.

31. Sang

Når lyd bliver regulering

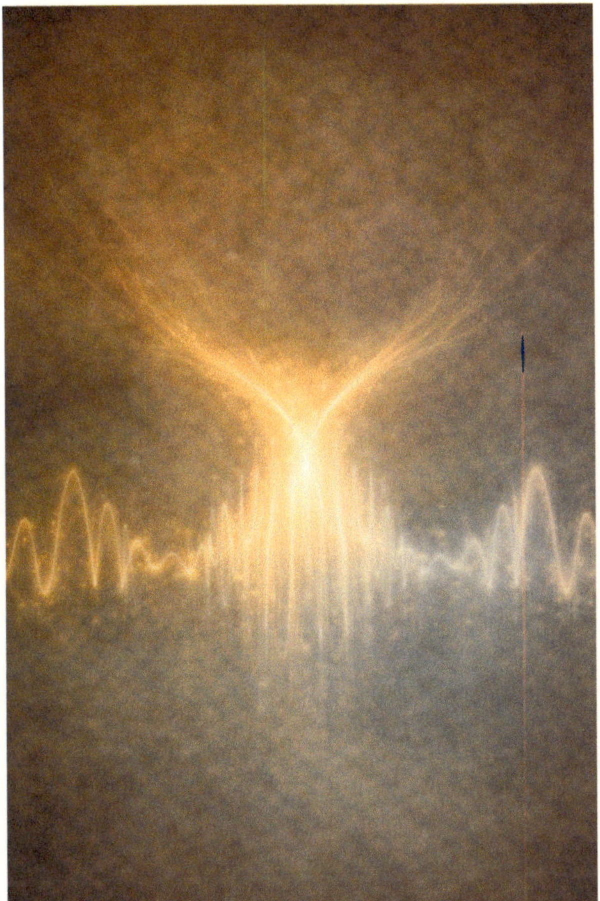

Indledning

Du åbner munden en anelse, og luften forlader kroppen med en blød tone.

Ikke høj, ikke formet — bare en lyd, der følger udåndingen.

Brystbenet løfter sig langsomt,
halsen slipper sin spænding en smule,
og vibrationerne bevæger sig ned gennem brystet
som små bølger, der finder plads i vævet.

Lyden sætter rytme i kroppen.
Ribbenene glider i et større spænd,
pulsen falder en anelse,
og noget bag brystet giver efter indefra.

Det er ikke en sang, der skal fremføres.
Det er en bevægelse, der åbner kroppen —
som om stemmen finder vej ud, før tanken gør.

Her begynder regulering ikke med stilhed,
men med lyd.
En tone, der bærer kroppen tilbage til sig selv.

Når stemmens vibrationer åbner kroppen indefra, kan noget i dig begynde at falde til ro.

Essens — forståelsen

Sang er en af menneskets ældste former for selvregulering. Stemmen forbinder åndedræt, bevægelse og kontakt — tre af kroppens mest grundlæggende rytmer.
Når du synger, skaber udåndingen vibrationer i hals og bryst. Den forlængede udånding kan understøtte regulering i nervesystemet og hjælpe kroppen ind i en mere samlet og rolig tilstand. Vibrationerne og den rytmiske vejrtrækning kan påvirke den autonome regulering og understøtte samspillet mellem puls og vejrtrækning. Når kroppens rytmer bevæger sig mere samstemt, kan reguleringen stabiliseres, og oplevelsen af indre sammenhæng styrkes.
Når kroppen bevæger sig i rytme, kan den gradvist slippe alarmberedskabet og vende tilbage til orientering og kontakt. Sang er derfor ikke kun musik, men biologi, der husker vejen hjem.

En lille fortælling

Gunnar sidder på gulvet med legetøjet foran sig.
Hænderne er urolige, åndedrættet lidt for hurtigt, som om kroppen ikke helt kan finde et sted at lande.
Han sætter bilen fra sig og åbner munden i en lille, rund lyd — et hummen, så lavt at kun brystkassen mærker den.
Vibrationerne breder sig ned gennem maven.
Skuldrene falder en anelse, og blikket vender tilbage til farverne foran ham.
Han hummer igen, længere denne gang, og en stille udånding slipper, som et tegn på at kroppen tager imod lyden.
Legen fortsætter, roligere nu.
Lyden bærer ham ikke væk, men holder ham.
Den bliver liggende som en blød kant omkring kroppen — noget der samler uden at lukke.
Gunnar mærker den indefra, før han forstår den, og kroppen følger med.
Ikke som træning, men som genkendelse.
En måde at falde til, mens verden fortsætter.
Det er sådan sang virker: en tone, der giver kroppen plads til at være her.

Øvelse — Summens ro

Denne øvelse er en invitation — uden pres. Start i et neutralt eller trygt sted i kroppen. Hold pauser, justér eller stop, hvis kroppen siger fra.

Luk øjnene
og træk vejret langsomt
ind gennem næsen.

På udåndingen lav en blid,
lang lyd —
et vuuu,
mmm
eller en tone,
der følger åndedrættet ud.

Mærk vibrationerne
i brystet,
kæben
og ansigtet.

Lad tonen blive
længere,
dybere,
langsommere.

Når du er klar,
lad lyden bevæge sig
med dine kæber.

Lyt indefra.
Du træner ikke stemmen —
du vækker nærvær.

Lyd bliver regulering,
når den mærkes
mere end den høres.

Samtale med dig selv

- *Hvornår synger du — og hvornår holder du stemmen tilbage?*
- *Hvilke lyde får kroppen til at falde til ro?*
- *Hvordan føles det, når stemmen får lov at komme frit — uden at blive bedømt?*

Der findes ikke rigtige svar. Spørgsmålene er kun tænkt som støtte til at orientere dig — ikke til at vurdere dig.

Integration — lyd som livskraft

Sang forbinder det fysiske og følelsesmæssige og kan hjælpe kroppen tilbage i bevægelse, når den har været holdt i spænding eller stilstand.
Når du synger, minder du kroppen om dens puls — og verden om din tilstedeværelse.
Sang er ikke præstation, men deltagelse. Den kan åbne brystet, frigøre åndedrættet og skabe rytme, hvor der før var stilhed.
I lyden mærker kroppen, at den ikke kun overlever — den lever.

Faglig note

Sang og summen påvirker organismens regulering gennem forlænget og rytmisk udånding, vibrationer i stemmebåndene samt bevægelser i kæbe, ansigt, svælg og åndedrætsmuskulatur. Disse rytmiske kropsprocesser kan understøtte autonom regulering og er forbundet med øget ro, kontakt og følelsesmæssig tilgængelighed. Frem for at forstå effekten som en direkte aktivering af én specifik nerve — som tidligere ofte er blevet fremhævet i formidlingen af vagusnerven — beskriver nyere forskning regulering gennem vokalisering som et samspil mellem respiration, hjerterytme, kropssansning og oplevet sikkerhed (Thayer & Lane; Feldman).

Den gentagne rytme i stemmen kan understøtte parasympatisk regulering og bidrage til øget hjerterytmevariabilitet, hvilket er forbundet med dæmpning af stressrespons og større autonom fleksibilitet. Samtidig peger forskning på, at sang og fælles vokalisering kan styrke oplevelsen af tryghed, samhørighed og relationel kontakt, blandt andet gennem sociale og neurobiologiske reguleringsprocesser relateret til oxytocin, som indgår i tilknytnings- og reguleringsprocesser, samt co-regulering (Feldman).

I et traumeperspektiv kan stemmen fungere som en bro mellem krop og relation. Rytmisk lyd og vibration kan øge interoceptiv sansning og kropslig forankring, hvilket kan reducere fysiologisk alarmberedskab og støtte reguleret tilstedeværelse. Over tid kan denne praksis styrke følelsesmæssig fleksibilitet og evnen til at bevæge sig mere frit mellem mobilisering, sansning og reguleret ro (Schore; van der Kolk).

Når stemmen får lov at bevæge sig frit, kan regulering opstå gennem rytme, åndedræt og kontakt — én tone ad gangen.

32. Naturens rytme i nervesystemet

Når landskabet trækker vejret med dig

Indledning

Du står i et landskab, hvor luften bevæger sig langs huden som en langsom strøm.

Duften af fugtig jord løfter sig fra jorden, og lyset filtrerer gennem grenene i bløde skift.

Fuglesangen ligger som et lag i baggrunden, ikke for at blive hørt, men for at blive mærket.

Skuldrene sænker sig uden beslutning.
Åndedrættet bliver tungere, dybere, som om rytmen falder ind i noget ældre end dig.

Kroppen justerer sig i stilhed, som om den stemmer sig ind på landskabets takt: bevægelsen i bladene, bølgen i vinden, lyset der falder og rejser sig igen.

Du falder ikke til ro, fordi du vælger det.
Kroppen genkender sin rytme og følger den længe før tanken når frem.

Essens — forståelsen

Naturen er et sted, hvor kroppen kan falde til ro igen.
Puls og åndedræt finder langsomt en anden rytme.
Noget i brystet giver efter. Tempoet i kroppen sænker sig. Her er du ikke i præstationens rum, men i tilstedeværelsens.
Omgivelserne kræver intet. De er der bare. Træerne forklarer ikke noget. Vinden retter ikke på dig.
Jorden bærer uden spørgsmål. Kroppen slipper den konstante tilpasning, ikke fordi noget skal repareres, men fordi der ikke længere stilles krav.
Naturen gør ikke noget ved dig.
Den er bare nær nok til at kroppen husker
sin egen rytme.

En lille fortælling

Maja træder ud på stien bag huset. Hun går hurtigt i starten, som om kroppen stadig følger tempoet indefra. Ved det første træ stopper hun.
Vinden bevæger bladene i små skift, og hendes skuldre falder en anelse, åndedrættet tager en dybere bue gennem brystet.
Hun lytter til stilheden mellem fuglenes lyde,
til rytmen, der fortsætter uden hendes anstrengelse.
Da hun går videre, er skridtene tungere mod jorden, langsommere, mere i takt med vinden.
Det er sådan naturen gør: Den ændrer ikke verden — den ændrer tempoet i kroppen, så hun kan være her.
Hun mærker fødderne tydeligere mod underlaget, som om jorden svarer igen for hvert skridt.
Tanken forsøger kort at tage føringen, men falder til ro, når hun ikke følger den.
Luften er køligere i skyggen, og hun registrerer det uden at skulle forstå.
Noget i hende giver slip på hastværket, ikke som en beslutning, men som en tilpasning.
Kroppen begynder stille at orientere sig mod omgivelserne i stedet for indre uro.
Og i det langsommere tempo opdager hun, at nærværet allerede var der — hun skulle blot falde ind i det.

Øvelse — Gå i takt med naturen

Denne øvelse er en invitation — uden pres. Start i et neutralt eller trygt sted i kroppen. Hold pauser, justér eller stop, hvis kroppen siger fra.

Find et sted i naturen
Stå et øjeblik uforstyrret.

Lyt til det,
der bevæger sig:
vind,
blade,
fugle,
lys.

Mærk,
hvordan pulsen
falder en anelse,
som om kroppen
finder et tempo,
der allerede er der.

Lad naturen
bære rytmen
et øjeblik.

Læg blot mærke til,
hvordan kroppen
svarer igen.

Samtale med dig selv

- *Hvilke landskaber får din krop til at falde til ro?*
- *Hvad i naturen kalder på dig lige nu — jord under fødderne, vandets bevægelse, luftens strøm, solens varme eller mørkets ro?*
- *Hvordan føles det, når du følger naturens tempo i stedet for kalenderens?*

Der findes ikke rigtige svar. Spørgsmålene er kun tænkt som støtte til at orientere dig — ikke til at vurdere dig.

Integration — Rytmen er livet

Naturen er ikke kun et sted, du besøger.
Den er et miljø, kroppen er formet til at være i.
Når du igen forbinder dig med landskabet, kan kroppen gradvist finde tilbage til sine grundlæggende rytmer: bevægelse, variation, cirkulation og kontakt.
Når åndedrættet falder i takt med omgivelsernes tempo, falder du ikke bare til ro — du mærker igen din plads i det levende miljø omkring dig.
Heling kan begynde, når kroppen igen får lov at bevæge sig i samspil med det liv, der omgiver den.

Faglig note

Naturkontakt påvirker organismens regulering gennem sanselige indtryk som lys, lyd, temperatur, dufte og berøring samt gennem oplevelsen af at opholde sig i et miljø med lav grad af krav og social vurdering. Forskning viser, at ophold i naturen kan være forbundet med reduceret fysiologisk stressbelastning, lavere kortisolniveau og øget autonom fleksibilitet, hvilket understøtter ro, nærvær og oplevet sikkerhed (Ulrich; Kuo; Thayer & Lane).

Frem for at forstå denne virkning som én enkelt mekanisme beskriver nyere forskning naturens regulerende effekt som et samspil mellem sansemæssig regulering, opmærksomhedsaflastning og autonom tilpasning. Studier peger samtidig på øget hjerterytmevariabilitet, forbedret restitution og mere balanceret immunrespons ved regelmæssig naturkontakt, hvilket afspejler en større reguleringskapacitet og bedre evne til at komme sig efter belastning (Thayer & Lane; Kuo).

En del af denne virkning knytter sig også til fytoncider — luftbårne plantestoffer — som gennem lugtesansen kan påvirke både immunfunktion og fysiologisk regulering (Li).

Naturens virkning er imidlertid ikke kun biologisk, men også kontekstuel. I naturen opholder mennesket sig i omgivelser med færre præstationskrav, evalueringer og sociale signaler. Dette kan reducere vedvarende årvågenhed og kognitiv belastning og skabe betingelser, hvor opmærksomhed, respiration og kropslig sansning gradvist kan falde til ro.

I denne bog forstås naturkontakt i forlængelse af metoden Deep Containment, hvor stabile og forudsigelige omgivelser fungerer som en ydre regulerende ramme, der kan støtte kroppens bæreevne. Naturen regulerer ikke ved at "gøre noget" ved kroppen, men ved at skabe betingelser, hvor regulering igen bliver mulig gennem sansning, rytme og oplevet sikkerhed.

Naturen beder ikke kroppen om at præstere — den minder den om, hvordan regulering føles.

33. Når kroppen begynder at stole på roen igen

Når stilhed kan bæres indefra

Indledning

Du vågner en morgen, hvor lyset ligger blødere i rummet. Udåndingen varer en anelse længere, og skuldrene sænker sig, uden du har bedt dem om det. Kroppen hviler tungere mod madrassen, som om noget giver efter indefra.

Det føles som begyndelsen på ro. Ikke valgt — men ankommet. Og alligevel er der et øjebliks tøven.
En lille sammentrækning under brystbenet,
som om kroppen lytter efter noget i stilheden.

Roen fylder rummet, men nervesystemet holder vejret et øjeblik, som for at sikre sig, at intet gemmer sig bag stilheden.

For en krop, der længe har levet i alarm,
kan ro føles som et varsel mere end et hvilested.

Ikke fordi stilheden er farlig, men fordi kroppen først skal lære at være i den uden at vente på stormens næste slag.

Når stilheden begynder at bære dig, og du ikke længere holder vejret, kan roen langsomt finde plads i kroppen.

Essens — forståelsen

Ro er ikke blot fravær af støj, men en kropslig reguleringstilstand. Når kroppen gennem erfaring har lært at forudse fare, kan ro vække vagtsomhed. Åndedrættet holder igen, musklerne spænder en anelse, og sanserne scanner — ikke fordi der er fare nu, men fordi stilhed engang ikke var sikker.

I begyndelsen af heling kan uro og ro leve side om side. Under uroen ligger mobilisering, som tidligere ikke kunne få plads.

Når kroppen gentagne gange møder tryg, kropslig ro, sker forandringen gradvist. Hjertet finder sin rytme, og nervesystemet lærer gennem erfaring, at stilhed ikke er farlig.

Tryghed kan ikke tænkes frem.

Den må mærkes frem.

En lille fortælling

Osvald vågner før vækkeuret. Lyset ligger stille på væggen, og huset er endnu ikke vågnet. Han bliver liggende et øjeblik og mærker noget uvant:
Brystet føles en anelse bredere, udåndingen synker længere ned i kroppen, og hænderne ligger tungere mod madrassen.
Et lille slip af ro. Ikke stort, men mærkbart.
Alligevel spænder noget under brystbenet.
En gammel refleks, der spørger, om stilheden skjuler noget. Han lytter — til huset, til kroppen, til den svage rytme i ham selv. Der sker ingenting.
Intet at forsvare sig imod.
Han trækker vejret igen, lidt langsommere.
Skulderne giver efter, som om kroppen endelig tror på det, den mærker. Da han rejser sig, er roen der endnu.
Ikke som et løfte, men som en begyndelse: et sted, kroppen prøver at vende tilbage til.
Bevægelsen er endnu skrøbelig, men den er der.
Kroppen husker ikke roen som noget sikkert, kun som noget muligt. Han tager den med sig ud af sengen, uden at holde fast. Som et spor, der kan følges igen, hvis dagen bliver for meget.

Øvelse — Ro i små øjeblikke

Denne øvelse er en invitation — uden pres. Start i et neutralt eller trygt sted i kroppen. Hold pauser, justér eller stop, hvis kroppen siger fra.

Sæt dig,
så kroppen kan hvile
i sin egen tyngde.

Luk øjnene,
og læg mærke til ét sted,
der er nogenlunde stille —
ikke roligt,
bare mindre uroligt
end resten.

Bliv et øjeblik,
og mærk,
hvordan området svarer:
en lille varme,
en udånding,
en blødere kant.

Flyt så opmærksomheden
til et sted,
der er mere aktivt.

Bliv dér kort,
og vend tilbage
til det rolige sted,
som et tidevand
der går ud
og ind.

Ro skabes ikke
i store spring.
Den læres
i små bevægelser mellem det,
der spænder,
og det,
der bærer dig.

Samtale med dig selv

- *Hvornår føles ro mest utryg — og hvad gør kroppen for at beskytte dig i det øjeblik?*
- *Hvordan føles den slags stilhed, der nærer dig — fremfor den, der skaber afstand?*
- *Hvordan ville ro føles, hvis kroppen troede, den måtte blive?*

Der findes ikke rigtige svar. Spørgsmålene er kun tænkt som støtte til at orientere dig — ikke til at vurdere dig.

Integration — Når roen bliver et sted at bo

Når nervesystemet begynder at stole på roen,
opstår en anden form for stilhed.
Musklerne slipper — ikke fordi de skal, men fordi de opdager, at de kan. Åndedrættet bliver et sted at lande. Hjertet finder sin egen rytme uden at vente på næste slag. Heling er ikke at slippe fortiden.
Heling er, når kroppen kan rumme det, der var,
uden at miste kontakt.
Heling er, når kroppen ikke længere kæmper for at overleve, men begynder at tillade sig at leve.
Ro er ikke fravær af bevægelse —
men nærvær i kroppen.

Faglig note

Oplevelsen af ro opstår gennem integrerede kropslige reguleringsprocesser og bliver først derefter tydelig som en bevidst mental tilstand. Sanselige signaler som varme, rytme, blid stemmeføring og tryg kontakt registreres gennem interoceptive og autonome kredsløb og påvirker hjerterytme, respiration og kropslig orientering. Disse signaler indgår i hjernens løbende regulering af organismens tilstand og bidrager til oplevelsen af sikkerhed og ro (Thayer & Lane; Schore; Feldman).

Nyere affektiv neurovidenskab beskriver regulering som et dynamisk samspil mellem kropssansning, autonom regulering, opmærksomhed og kontekst. Når oplevet sikkerhed øges, reduceres fysiologisk alarmberedskab, og organismens reguleringskapacitet kan gradvist udvides.

Når hjerterytmen bliver mere fleksibel, øges hjerterytmevariabiliteten (HRV), hvilket er forbundet med større autonom fleksibilitet og bedre affektregulering (Thayer & Lane).

Ro er derfor ikke fravær af aktivitet, men et biologisk organiseret samspil mellem krop, hjerterytme, opmærksomhed og hjernefunktion.

I denne tilstand kan organismen bevæge sig mere fleksibelt mellem mobilisering og hvile med bevaret kontakt til sig selv og omgivelserne. Åndedrættet finder en mere sammenhængende rytme, og muskulaturen kan give slip uden at falde i energimæssig kollaps.

Ro er ikke fravær af bevægelse, men evnen til at være i den uden at miste kontakt.

Kroppen behøver ikke råbe —

den kan tale stille, og du kan høre den.

DEL 4 — Relationer og resonans

Heling i kontakt med dig selv og andre

Når mennesker mødes, begynder deres ervesystemer at lytte til hinanden. Åndedrag spejler hinanden. Hjerter forsøger at finde en rytme.

To nervesystemer aflæser, regulerer og tilpasser sig — ofte længe før bevidstheden når at forstå, hvad der sker. Relationer er kroppens ældste landskab. Vi lærer os selv at kende i mødet med andre: i blikke, der møder os, i stemmer, der beroliger, i hænder, der holder eller slipper. Men det er også her, gamle mønstre vågner. Når nærhed føles farlig, når vi længes og samtidig trækker os væk, når kærlighed vækker både tillid og gamle sår.

I denne del undersøger vi samspillet mellem kroppen og relationerne: hvordan co-regulering skaber ro, hvordan grænser beskytter hjertet, hvordan spejling former identitet, og hvordan kontakt kan hele dér, hvor ordene ikke rakte.

Heling sker ikke kun i stilhed med lukkede øjne. Den sker, når kroppen mærker sig mødt.

Heling begynder, når vi tør mærke hinanden — og opdager, at vi ikke længere er alene.

34. Når vi mærker hinanden

Når to nervesystemer falder i rytme

Indledning

Du sidder overfor et menneske, der ikke haster. Blikket hviler blødt mod dit, uden at trænge ind.

Stemmen bærer en rolig tone, og pauserne mellem ordene giver plads til, at kroppen kan følge med.

Skuldrene sænker sig, næsten umærkeligt.

Åndedrættet bliver bredere, som om kroppen læner sig ind i noget uden at skulle holde sig selv oppe.

Ingen store bevægelser. Ingen indrømmelser. Kun den tyste fornemmelse af selskab, som om vægten i kroppen fordeles på flere hænder.

Pulsen glider nedad, og noget i brystet slipper sit skjold et øjeblik.

Tryghed opstår ikke i tanken, men i det, kroppen genkender i mødet: et andet menneske, der bærer sig selv — og derfor også kan være med dig.

Her begynder kroppen at tro på verden igen. Ikke fordi noget forklares, men fordi noget mærkes.

Essens — forståelsen

Nervesystemer taler sammen før ordene.
I ansigtets små bevægelser, blikkets tempo og stemmens rytme justerer kroppen sig efter den andens tilstand.
I nærheden af et reguleret menneske kan du gradvist falde til ro. Det er co-regulering.
Bag dette ligger kroppens ubevidste registrering af tryghed og fare, hvor puls, muskler og åndedræt løbende tilpasser sig tone, tilstedeværelse og omgivelser. Et blik kan åbne brystet, en rolig stemme løsne kæben.
Traumer kan forstyrre denne tillid, så nærhed føles som noget, der skal overleves. Når trygheden vender tilbage, aktiveres det sociale engageringssystem: stemmen blødgøres, øjnene varmes, hjertet falder i rytme. Det er ikke sentimentalitet, men biologi.

En lille fortælling

Liv sætter sig i sofaen overfor sin veninde.
De taler endnu ikke — ordene hænger et sted mellem dem og venter. Venindens blik er roligt, ikke undersøgende, bare til stede. Hendes skuldre ligger blødt, og åndedrættet falder i en takt, der næsten kan høres.
Liv mærker det som det første tegn: en lille varme bag brystbenet, en udånding, der bliver en anelse længere end normalt. Hun havde ikke planlagt at fortælle noget. Hun havde ikke forberedt sig.
Alligevel åbner noget i hende sig, som om kroppen lytter mere til rummet end til tanken.
Da veninden nikker langsomt, glider Livs blik op.
Det er et ganske lille skift, men mærkbart:
maven slipper, kæben blødgør sig, og hænderne holder op med at knuge hinanden. Ikke fordi hun har besluttet sig for at være tryg — men fordi kroppen genkender den anden. Det er først dér, ordene begynder at komme. Ikke hurtigt.
Bare ærligt. Som om noget i hende har ventet på et menneske, der kunne holde rytmen sammen med hende et øjeblik.
Stemmen er lav i begyndelsen, næsten forsigtig.
Men den bæres af den fælles stilhed, og hvert ord falder tungere og mere sikkert.
Det er ikke mod, der taler — det er kontakt.

Øvelse — Sans co-regulering

Denne øvelse er en invitation — uden pres. Start i et neutralt eller trygt sted i kroppen. Hold pauser, justér eller stop, hvis kroppen siger fra.

Sammen
Sæt jer, så kroppen kan hvile —
over for hinanden eller ryg mod ryg.
Lad blikket være blødt
eller luk øjnene.

Mærk åndedrættet, uden at ændre det.
Registrér den andens tilstedeværelse —
uden krav.

Måske finder åndedrættet
en fælles rytme.
Måske ikke.
Bliv et øjeblik.

Alene — indre kontakt
Luk øjnene og tænk på
et menneske, der føles trygt.
Mærk,
hvor nærheden
viser sig
i kroppen.
Bliv dér
et øjeblik.

Samtale med dig selv

- *Hvornår føler du dig set uden ord?*
- *Hvem får din puls til at falde?*
- *Hvornår mærker du, at andre falder til ro i dit nærvær?*

Der findes ikke rigtige svar. Spørgsmålene er kun tænkt som støtte til at orientere dig — ikke til at vurdere dig.

Integration — Den usynlige tråd

At mærke hinanden er ikke en bonus i livet —
det er selve fundamentet.
Vi regulerer i flok, ikke i isolation.
Når du tør lade et andet menneskes tilstedeværelse påvirke din krop, kan noget i dig også begynde at falde til ro. Du opdager, at du ikke var adskilt — kun beskyttet.
Når stilheden mellem to mennesker bliver tryg,
kan kroppen endelig hvile.
Kontakt er ikke noget, vi gør. Det er noget, der opstår, når kroppen tør være hjemme.

Faglig note

Co-regulering er en grundlæggende biologisk proces, hvor organismens regulering formes i samspil med andre gennem relationel kontakt, afstemning og oplevet sikkerhed. Nyere forskning beskriver ikke dette som én enkelt autonom mekanisme, men som et integreret samspil mellem kropssansning, opmærksomhed, respiration, hjerterytme og sociale signaler som blik, mimik og stemmens rytme (Feldman; Schore; Thayer & Lane).

Når mennesker mødes i oplevet tryghed, kan deres fysiologiske rytmer gradvist blive mere koordinerede gennem gensidig afstemning. Denne synkronisering sker via subtile reguleringssignaler i ansigt, stemmeføring, tempo og vejrtrækning, som påvirker autonom balance og kan reducere vedvarende fysiologisk alarmberedskab.

Forskning i affektiv neurobiologi og tilknytning viser, at tryg relationel kontakt kan øge hjerterytmevariabiliteten, dæmpe vedvarende stressaktivering og understøtte mere fleksibel regulering af følelser og arousal (Feldman; Thayer & Lane; Schore).

Gennem gentagne erfaringer med co-regulering lærer kroppen gradvist at bevæge sig lettere mellem mobilisering, sansning og reguleret hvile samt at fortolke sociale signaler som trygge frem for truende.

Denne proces er kropslig og implicit og udvikles over tid gennem stabil, forudsigelig og afstemt kontakt.

I denne bog forstås co-regulering i forlængelse af Deep Containment, hvor tryg, afstemt kontakt fungerer som en regulerende ramme, der øger kroppens bæreevne frem for at presse systemet mod kontrol.

Tryghed opstår, når kroppen mærker, at den ikke står alene.

35. Når kærlighed vækker gamle sår

Gamle mønstre i nye relationer

Indledning

Du sidder tæt på et menneske, der betyder noget. Stemmen er blød, blikket varmt, og pausen mellem ordene trækker dig en smule nærmere. Brystet åbner sig i en stille bevægelse, som om kroppen vil tage imod, før du når at beslutte det. Så sker skiftet.

Åndedrættet stopper kort.
Skuldrene løfter sig en anelse,
og kroppen trækker sig tilbage,
næsten uden at flytte sig.

En varme møder en gammel væg. Det er ikke flugt fra kærligheden. Det er hukommelse. Lag, der engang lukkede sig for at beskytte det, der var vigtigst.

Kroppen mærker forbindelsen og farer sammen i samme øjeblik, som om intimitet både er invitation og advarsel.

Når nærhed vækker smerte, betyder det ikke, at noget er forkert. Det betyder, at noget endelig bliver rørt.

Heling begynder, når du kan blive i nærheden uden at miste dig selv.

Essens — forståelsen

Kærlighed aktiverer de samme biologiske kredsløb
som vores tidligste tilknytning.
Hvis nærhed dengang var utryg eller betinget, vil
nervesystemet reagere, når vi bliver set.
Det er ikke et valg, men et kropsligt spor.
Kroppen spænder ikke for at undgå relation,
men for at bevare den.
Derfor kan længsel følges af tilbagetrækning.
Arbejdet begynder ikke med at forlade relationen,
men med at blive i den, mens kroppen reagerer.
Med plads og regulering kan det, der måtte skjules,
langsomt komme frem.
Kærlighed bliver da ikke noget, man skal mestre,
men et rum, hvor det usagte får lov at vise sig —
et lys, der falder blidt på det, vi lærte at gemme.

En lille fortælling

Marie var syv, da hendes mor blev syg og langsomt trak sig ind i sig selv. Der var ingen forklaringer. Ingen, der spurgte, hvordan hun havde det. Kun en stille forskydning i hjemmet, som hun lærte at orientere sig efter. Hun lærte at fylde mindre. At lytte før hun talte. At mærke stemninger, før de blev sagt højt. Som voksen fungerer Marie. Hun har arbejde, relationer, et liv der ser helt ud udefra. Men når nogen kommer tæt på — når kærlighed begynder at føles virkelig — trækker noget i hende sig tilbage. Ikke som et valg. Som en gammel bevægelse. Der opstår en spænding i kroppen. En tøven. En fornemmelse af både at ville frem og væk på samme tid. Det er ikke dramatik. Det er et barn, der aldrig fik hjælp til at forstå det, der skete. Når tempoet sænkes, og hun bliver ved fornemmelserne uden at skubbe dem væk, kan noget begynde at give efter. En udånding. En anelse mere plads. Ikke som en løsning, men som en bevægelse — en undersøgelse af, om nærhed denne gang kan være noget, man bliver i.

Øvelse — Mød kærligheden i et tempo, kroppen kan bære

Denne øvelse er en invitation — uden pres. Start i et neutralt eller trygt sted i kroppen. Hold pauser, justér eller stop, hvis kroppen siger fra.

Placer dig behageligt,
hvor du kan mærke gulvet.

Luk øjnene,
og kald en kærlig relation frem —
et menneske,
der føles varmt
og ægte.

Mærk kroppen
før tanken:
åbner brystet sig,
bliver åndedrættet blødere,
eller trækker noget sig
en anelse tilbage?

Bliv ved den første sansning,
uden at presse den frem.
Lad kontakten komme
i små skridt:
et indre blik,
en varme,

en stille indånding.

Hvis kroppen
bliver urolig,
læg en hånd dér,
hvor det mærkes mest,
og sig stille:
Det er nu —
ikke dengang.

Lad kroppen bestemme tempoet.
Kærlighed lander,
når den får plads nok
til at blive mærket.

Samtale med dig selv

- *Hvornår bliver kærlighed til pres i dit nervesystem?*
- *Hvilke gamle erfaringer vækkes, når du kommer tæt på nogen?*
- *Hvordan kan du blive i kontakten uden at forlade dig selv?*

Der findes ikke rigtige svar. Spørgsmålene er kun tænkt som støtte til at orientere dig — ikke til at vurdere dig.

Integration — Kærlighed som vej hjem

Kærlighed vækker ikke kun varme.
Den vækker også det, der engang måtte lægges væk, for at du kunne overleve.
Når du bliver i kontakten — med både længsel og uro — kan kroppen langsomt opdage, at nærhed kan være sikker nu.
Kærlighed bliver da blødere, langsommere, mere sand.
Heling handler ikke om at skjule sårene, men om at lade livet falde på dem, mens du bliver stående.
Når du ikke længere må flygte fra det, der vækkes, kan kærlighed igen føles som et hjem.

Faglig note

Tryg relationel kontakt understøtter regulering gennem komplekse autonome og neurobiologiske processer, hvor hjerterytme, respiration, ansigtsmimik, stemmeføring og social opmærksomhed indgår i et gensidigt samspil. Nyere forskning beskriver ikke regulering som knyttet til én enkelt mekanisme, men som et integreret samspil mellem kropssansning, autonom balance og sociale signaler, der tilsammen øger oplevet sikkerhed og følelsesmæssig tilgængelighed (Feldman; Thayer & Lane; Schore). Samtidig ledsages tryg kontakt af neurokemiske processer, herunder oxytocinrelaterede responser, som understøtter tilknytning og oplevelsen af relationel tryghed.

Nervesystemets reaktioner formes imidlertid af tidligere erfaringer. Prædiktiv affektiv neurovidenskab peger på, at hjernen løbende forudsiger og justerer kroppens respons ud fra tidligere relationelle mønstre og kropslige erfaringer. I relationelle sammenhænge kan dette betyde, at kroppen reagerer med beredskab, ambivalens eller tilbagetrækning, selv når den aktuelle situation er tryg. Det kan opleves som en indre bevægelse mellem længsel efter kontakt og samtidig beskyttelse mod den (Barrett; Schore).

Når tryg kontakt gentages i stabile og nærværende relationer, kan disse prædiktive mønstre gradvist ændres. Samspillet mellem autonome reguleringsprocesser og præfrontale reguleringsnetværk styrkes, hvilket understøtter refleksion, affektregulering og mere fleksibel respons i sociale situationer (Schore; Feldman).

Over tid kan kroppen derfor bevæge sig fra beskyttelse mod forbindelse gennem gentagne sanselige erfaringer af tryg kontakt.

Tryghed opstår, når kroppen igen kan blive i mødet.

36. Grænser

Kærlighedens åbning når nej bliver en bevægelse

Indledning

Du mærker det, før du tænker det.
En hånd, der bliver liggende en anelse for længe.
En sætning, der glider for tæt på.
Et ja, der lægger sig som et pres bag brystbenet.

Maven trækker sig let. Blikket søger efter plads. Et stille skift, hvor kroppen viser, hvor kanten går.
Det er ikke afstand fra den anden,
men en bevægelse tilbage mod dig.

En grænse er ikke et fravalg af relationen,
men en måde at blive i den uden at forlade dig selv.

Når du siger nej, er det nogle gange blot kroppen,
der siger: *Her begynder jeg.*

Små bevægelser tæller:
en ryg, der retter sig,
en fod, der finder jorden,
en stemme, der får mere rum.

Når grænsen får lov at stå, falder trykket.
Åndedrættet falder dybere, og kontakten bliver lettere — hverken strakt eller lukket, men hjemme i dig selv.

Essens — forståelsen

Når et nej tidligere har ført til straf eller tab, lærer kroppen at overleve gennem tilpasning. Den smiler gennem ubehag og gør sig mindre for at bevare forbindelsen. Det er en intelligent strategi formet i relationer, hvor tilknytning kostede noget.
Uden grænser kan relationen fortsætte, men nærværet forsvinder. Man er sammen, men ikke helt til stede.
Grænser er ikke først mentale beslutninger, men kropslige erfaringer. Når et nej kan mærkes og udtrykkes uden fare, falder kroppen til ro, åndedrættet bliver dybere, og kontakten bliver mere sand.
Grænser adskiller ikke fra kærlighed. De gør den mulig.

En lille fortælling

Freja sidder på kanten af sengen, mens tasken ligger åben ved siden af hende. Hendes partner taler fra stuen om aftalen senere. Ordene når hende, men lander ikke helt.
Hun mærker det i kroppen først. En træthed bag øjnene. En lille stramning i maven. Ikke modvilje. Bare en tydelighed.
Hun har sagt ja før, fordi det var nemmere.
Denne gang bliver hun siddende et øjeblik.
Mærker vægten i lårene mod madrassen.
Fødderne mod gulvet.
Åndedrættet, der ikke vil skynde sig.
Jeg bliver hjemme i aften, siger hun stille.
Der opstår en pause. Hjertet slår hurtigere. En gammel uro spørger, om hun er ved at skuffe nogen.
Men hun bliver i kroppen. Lader nej'et stå uden at forklare det væk.
Og langsomt mærker hun noget uventet: ikke afstand, men mere plads.
Nej'et var ikke en lukning.
Det var en bevægelse tilbage til sig selv.

Øvelse — Mærk grænsen i kroppen

Denne øvelse er en invitation — uden pres. Start i et neutralt eller trygt sted i kroppen. Hold pauser, justér eller stop, hvis kroppen siger fra.

Sæt dig et sted,
hvor du kan være uforstyrret.

Lad en situation komme frem,
hvor du sagde ja,
mens kroppen sagde nej.

Lyt efter
den første sansning:
stramhed,
tryk,
noget der trækker sig.

Bliv dér
et øjeblik.

Forestil dig
et blødt, varmt rum
omkring dig —
tydeligt,
men ikke hårdt.

Et sted,
hvor både du

og sansningen
kan være
uden at du forlader
dig selv.

Lad åndedrættet
bevæge sig
i nærheden
af området.

Mærk
det lille skift,
når kroppen
finder mere plads.

Grænser begynder indefra.
Her er jeg.

Samtale med dig selv

- *Hvornår bliver dit nej til stilhed?*
- *Hvad har du båret, som ikke var dit?*
- *Hvordan mærkes forskellen mellem en grænse, der lukker ude — og en, der holder dig hjemme i dig selv?*

Der findes ikke rigtige svar. Spørgsmålene er kun tænkt som støtte til at orientere dig — ikke til at vurdere dig.

Integration — den ærlige kontakt

Når du kender din grænse, får dit ja kraft. Der bliver plads til nærhed, fordi du ikke længere skal beskytte dig inde fra stilheden. Grænser handler ikke om kontrol, men om rytme: at kunne bevæge sig ud og hjem igen, uden at miste sig selv.
Grænser er kærlighedens stille puls — de holder kontakten levende.
Når du står i dig selv, kan du række ud uden at forsvinde.

Faglig note

Sunde grænser forudsætter en reguleret tilstand, hvor organismen kan bevæge sig fleksibelt mellem kontakt og autonomi uden at miste kropslig forankring. Nyere reguleringsforskning beskriver denne balance som et samspil mellem autonom regulering, kropssansning og sociale signaler, hvor hjerterytme, stemmeføring, mimik og opmærksomhed indgår i en samlet reguleringsproces, der muliggør både tilknytning og selvafgrænsning (Feldman; Schore; Thayer & Lane). Når reguleringen er stabil, kan individet forblive i relationel kontakt uden at opgive egen oplevelse, behov eller integritet.

Nervesystemets reaktioner formes samtidig af tidligere erfaringer med relation og grænsesætning. Prædiktive reguleringsprocesser indebærer, at kroppen løbende vurderer, om grænsesætning indebærer social risiko eller tryg differentiering. Hvis et nej historisk har været forbundet med konflikt, afvisning eller utryghed, kan kroppen reagere med mobilisering, overtilpasning eller tilbagetrækning, selv i aktuelle trygge situationer (Barrett; Schore).

Forskning i affektregulering og udviklingsneurobiologi peger på, at gentagne erfaringer med tryg grænsesætning styrker integrationen mellem autonome reguleringsprocesser og præfrontale netværk, hvilket øger refleksionsevne, selvregulering og relationel fleksibilitet (Schore; Feldman). Over tid bliver grænser dermed ikke et signal om afstand, men en regulerende funktion, der skaber tydelighed, stabilitet og bæredygtig kontakt.

I denne bog forstås grænsesætning i forlængelse af Deep Containment, hvor kroppen støttes i at mærke egne impulser og behov inden for en reguleret ramme, så beskyttelse kan sameksistere med forbindelse. Når grænser er kropsligt forankrede og relationelt trygge, kan organismen åbne sig uden at miste sig selv — fordi beskyttelse og forbindelse ikke længere opleves som modsætninger, men som komplementære reguleringsprocesser.

Grænser er ikke det, der adskiller os fra hinanden — de er det, der gør nærhed mulig uden, at vi forlader os selv.

37. Spejling og projektion

Når din smerte viser sig i den anden

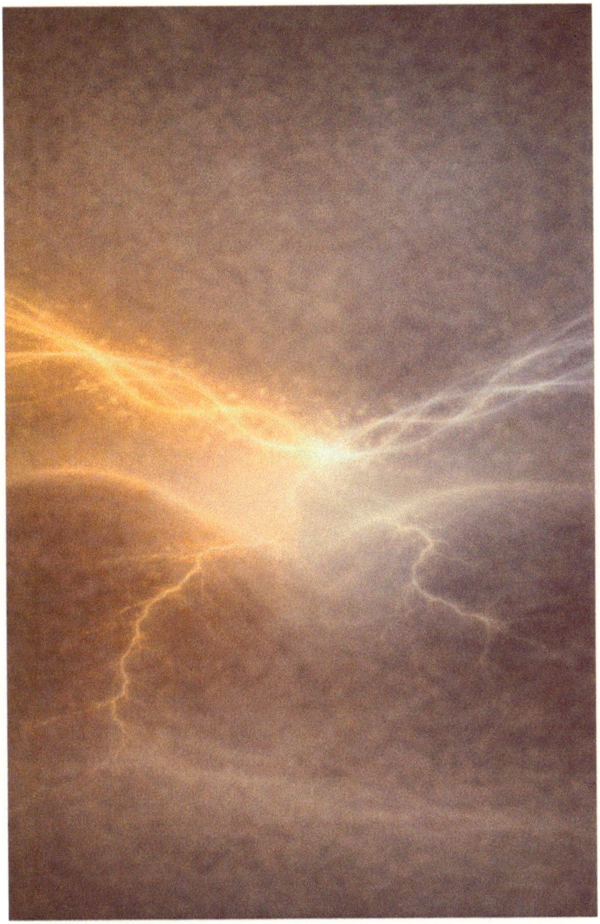

Indledning

Nogle møder føles som at gå ind i et spejl.
Et blik, der bliver lidt for skarpt.
En tone, der rammer som noget velkendt.
Et kropsudtryk, der får det til at trække i brystet.

Som om den anden bærer noget af din historie i sig — noget du troede, du havde lagt bag dig.

Du ved, det ikke burde ramme så hårdt.
Men kroppen ved, at noget bliver rørt.

Det er ikke svaghed. Det er hukommelse.

Spejling er ikke en konflikt med et andet menneske — det er et møde med den del af dig, du engang forlod for at kunne overleve.

Når den anden vækker smerte i dig, er det ofte din egen stemme, der endelig bliver hørt.

Essens — forståelsen

Relationer gør vores ubevidste mønstre synlige.
Vi ser ikke kun den anden — vi møder også os selv.
Projektion opstår, når følelser eller frygt lægger sig i mødet, før vi selv kan rumme dem.
Det er ikke manipulation, men et tegn på noget, der stadig lever i dig.
Når mennesker mødes, påvirker deres kroppe hinanden gennem blik, tone, spænding og tempo.
Du mærker derfor ikke kun den anden —
du mærker også din egen historie i mødet.
Derfor kan nærhed vække uro, og kritik ramme som et gammelt sår.
Ofte reagerer du ikke kun på nutiden, men på fortidens ekko.
Projektion peger på det, der endnu venter på at blive mødt.

En lille fortælling

Karl står i entreen, mens kollegaen taler hurtigt og engageret om en beslutning på arbejdet. Stemmen er lidt skarpere end normalt, tempoet højere.
Noget i Karls krop reagerer før tanken når med.
Maven strammer en anelse.
Skuldrene løfter sig næsten umærkeligt.
Han mærker irritationen stige, som om han må sige fra.
Et svar ligger allerede klar i brystet, skarpere end han havde tænkt sig.
Så stopper han et øjeblik.
Han lægger mærke til kollegaens hænder, der bevæger sig hurtigt.
Åndedrættet højt i brystet.
Blikket, der flakker en smule.
Noget falder på plads.
Energien i rummet er ikke kun hans.
Kroppen havde blot samlet den op.
Udåndingen slipper langsomt, og skuldrene synker igen.
Han opdager det først bagefter:
Den første impuls var ikke nødvendigvis sandheden.
Nogle gange mærker vi den andens spænding,
før vi når at skelne den fra vores egen.

Øvelse — Se uden at miste dig selv

Denne øvelse er en invitation — uden pres. Start i et neutralt eller trygt sted i kroppen. Hold pauser, justér eller stop, hvis kroppen siger fra.

Sæt dig et sted, hvor du kan være i ro.
Tænk på en situation, hvor et andet menneske
vakte noget i dig.

Luk øjnene
og læg mærke til
kroppens første svar:
et tryk i brystet,
en sammentrækning i halsen,
en varme i maven,
en hårdhed i kæben.

Læg så mærke til
den tanke eller sætning,
du havde om den anden.

Vend den stille
mod dig selv
og sig:
Jeg er …

Bliv dér
et øjeblik
og lyt.

Bag reaktionen
ligger der ofte
ikke skyld,
men en længsel:
at blive set,
mødt,
hørt,
respekteret.

Når kroppen
får lov
at vise sig,
bliver sandheden
klarere
end tanken.

Samtale med dig selv

- *Hvilke mennesker vækker mest modstand i dig?*
- *Er du i konflikt med dem, eller med dig selv gennem dem?*
- *Hvad sker der, hvis du møder reaktionen med nysgerrighed i stedet for forsvar?*

Der findes ikke rigtige svar. Spørgsmålene er kun tænkt som støtte til at orientere dig — ikke til at vurdere dig.

Integration — når spejlet åbner sig

Relationer er ikke lineære,
men bølger mellem to nervesystemer.
Når du henter dine projektioner hjem,
bliver relationen igen en mulighed for kontakt.
Det, du ser i den anden,
kan være et sted i dig,
der længes efter at blive taget alvorligt.
Når du bliver i kontakten med dig selv,
kan du også blive i kontakten med den anden.

Faglig note

Spejling og projektion kan forstås som reguleringsprocesser i samspillet mellem mennesker, hvor social perception og følelsesmæssige systemer indgår i et dynamisk samspil. Mennesket registrerer løbende andres mimik, bevægelser, tonefald og følelsesmæssige udtryk gennem kropslig resonans og social sansning, hvilket kan påvirke arousal, orientering og affektiv tilstand i mødet med andre (Rizzolatti; Gallese; Schore).

Når nervesystemet er præget af tidligere belastning, kan indre aktivering ubevidst organiseres som projektion, overtilpasning eller følelsesmæssig lukning. Dette er ikke et bevidst valg, men en beskyttende reguleringsstrategi, hvor nutidige signaler fortolkes gennem tidligere erfaringer. Møder med andre kan derfor aktivere både længsel efter nærhed og samtidig beskyttelse mod den.

Nyere forskning i social neurovidenskab og affektregulering peger på, at evnen til at sanse, mentalisere og navngive egne reaktioner øger differentiering mellem selv og anden og reducerer automatisk følelsesmæssig smitte. Når sansning og refleksion forbindes, bliver reaktioner mere fleksible frem for reaktive (Fonagy; Barrett).

I trygge relationelle sammenhænge kan spejling gradvist skifte fra overaktivering til regulerende resonans. Den andens tilstand bliver da en kilde til orientering, empati og kontakt uden tab af selvforankring.

Når spejlingen opleves som sikker, bliver mødet ikke en gentagelse af fortiden, men en mulighed for nærvær i nuet.

38. Sårbarhedens styrke

Når modet begynder indefra

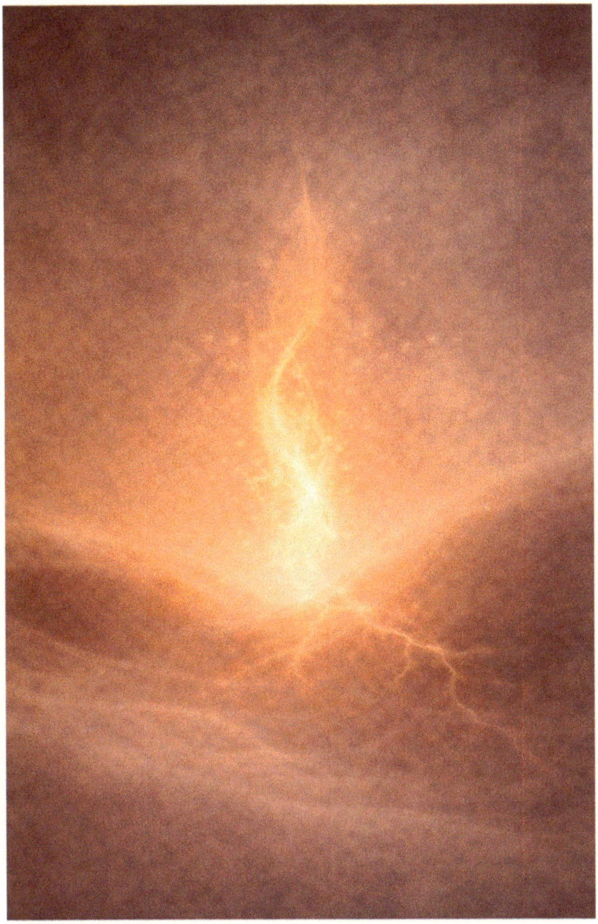

Indledning

Du står stille, uden at skulle forklare noget.

Brystbenet løfter sig en anelse, som om luften finder vej ind til et sted, der længe har været holdt tæt. Skuldrene falder, ikke af vilje, men fordi kroppen ikke længere bærer sig selv i forsvar.

Der er en blødhed her — ikke skrøbelig, men levende. En åbning, der ikke behøver at skjule sig.

Mod viser sig ikke i spændte muskler eller faste ord. Det kommer i det øjeblik, hvor du bliver stående, selv når noget i dig kunne vælge at trække sig.

Sårbarhed er ikke fravær af beskyttelse.
Det er at opdage, at du kan være åben og stadig stå på dine egne ben.

Når hjertet får lov at slå uden skjold, bliver styrken tydelig — stille, men urokkelig.

Essens — forståelsen

Når livet gør ondt, lukker kroppen sig om det mest værdifulde. Den spænder og tilpasser sig, ikke fordi du er svag, men fordi åbenhed engang var farlig.
Bag forsvaret ligger livskraften — evnen til at elske, længes og mærke. Nogle nervesystemer er mere sensitive og registrerer stemninger dybere. Følsomhed kan blive resonans, når den mødes med tryghed, eller forsvar, når den mødes med pres.
At blive sårbar igen er ikke et skridt tilbage, men en genoprettelse. Styrke er evnen til at forblive åben, når alt i dig vil lukke.

En lille fortælling

Johannes sidder overfor et menneske, han holder af. Blikket er varmt, ordene rolige, og noget i ham vil træde nærmere. Alligevel strammer det under brystbenet. Åndedrættet holder sig tilbage, som om kroppen vogter over en sandhed, der længe har ligget gemt.
Han mærker pulsen i halsen, en fin sitren i hænderne. En gammel vane hvisker, at det er sikrest at blive lidt på afstand. At smile. At forstå den anden først.
Men denne gang bliver han. Lader stilheden være der. Lader det ubesvarede hænge i rummet.
Blikket falder et øjeblik, og en enkelt tåre løsner sig — uden dramatik, uden forklaring. Bare en stille bevægelse, der slipper det, han ikke længere kan holde inde. Skuldrene synker en anelse. Ikke som et fald, men som en ærlighed, der får lov at stå frem.
Han opdager, at han stadig sidder oprejst.
At hjertet ikke brister.
At nærheden ikke forsvinder.
Tværtimod bliver rummet større, varmere, mere levende.
Det er sårbarhedens styrke: et øjeblik, hvor kroppen tør slippe skjoldet og lade nærheden lande — uden at miste sig selv.

Øvelse — At være åben i det trygge

Denne øvelse er en invitation — uden pres. Start i et neutralt eller trygt sted i kroppen. Hold pauser, justér eller stop, hvis kroppen siger fra.

Sæt dig et sted, hvor kroppen kan lande.
Mærk fødderne mod gulvet og vægten i sædet.

Find en spænding —
bryst,
mave,
hals,
kæbe eller hænder.

Læg hånden dér, som om du favner
noget skrøbeligt.
Bliv et øjeblik
og lyt.

Hvad holder spændingen tilbage?
Vent på det lille skift:
et suk,
en varme,
en blødhed, der åbner sig.

Sårbarhed er ikke svaghed
Det er det, der sker,
når spændingen slipper,
og du bliver.

Samtale med dig selv

- *Hvornår føles åbenhed farlig i kroppen?*
- *Hvornår lærte du, at det var mest sikkert at skjule dig?*
- *Hvem kan du være sårbar med uden at miste dig selv?*

Der findes ikke rigtige svar. Spørgsmålene er kun tænkt som støtte til at orientere dig — ikke til at vurdere dig.

Integration — når blødhed bliver styrke

Når kroppen tør åbne sig igen, vender energien tilbage som retning, klarhed og puls.
Du behøver ikke vælge mellem styrke og følsomhed — de er to sider af samme tilstedeværelse.
Sårbarhed er ikke at slippe forsvaret, men at opdage, at det ikke længere behøver at styre dig.
Når hjertet ikke længere skjuler sig, bliver du ikke mindre beskyttet — du bliver mere levende.
Når dine sår må være synlige, holder du op med at leve som et forsvar og begynder at leve som dig selv.

Faglig note

Sårbarhed forudsætter en tilstand af tilstrækkelig regulering, hvor organismen oplever nok sikkerhed til at kunne bevæge sig fra beskyttelse mod åbenhed. Traumeforskning peger på, at evnen til modtagelighed ikke primært er et psykologisk valg, men en kropsligt betinget tilstand, der afhænger af autonom balance, interoceptiv tryghed og tidligere erfaringer med relationel sikkerhed (Schore; van der Kolk).

Når nervesystemet gentagne gange har været belastet, kan selv små krav eller sociale signaler udløse alarmberedskab. Dette gælder særligt hos personer med høj sensitivitet, som reagerer mere intenst på både stress og tryghed (Aron; Boyce).

Sanselige signaler som rolig stemmeføring, varme, blid mimik og stabil rytme kan gradvist dæmpe fysiologisk alarm og støtte orientering og kontakt. I denne tilstand bliver åndedrættet mere sammenhængende, muskeltonus mere fleksibel, og organismen kan bevæge sig fra vedvarende beskyttelse mod tilstedeværelse og refleksion.

Forskning i affektregulering viser, at oplevet sikkerhed over tid understøtter følelsesmæssig fleksibilitet, mentalisering og evnen til at være i relation uden at miste selvforankring (Fonagy; Schore).

Sårbarhed opstår derfor ikke gennem pres eller eksponering alene, men gennem gentagne erfaringer af tryg kontakt, hvor kroppen gradvist lærer, at åbenhed ikke medfører fare. Når denne erfaring stabiliseres, kan beskyttelsesstrategier træde i baggrunden, og modtagelighed blive biologisk mulig.

Sårbarhed er ikke fravær af styrke — det er et reguleret nervesystem, der igen kan være i kontakt med livet.

39. Tryg tilknytning

Når tryghed bliver en kropslig virkelighed

Indledning

Et blik hviler på dig uden at ville noget.
En hånd mod din ryg er varm, men ikke tung.
Luften mellem jer er stille nok til, at brystet kan give efter.
Der er plads til at trække vejret uden at samle dig.

Skuldrene falder, næsten umærkeligt.
Åndedrættet bliver bredere.
Hjertet finder en rytme, der ikke behøver at forsvare sig.

Det sker ikke gennem tanker, men gennem nærvær, der mærkes i vævet, før det forstås.

Tryghed er ikke en idé, kroppen skal overbevises om.
Det er en erfaring, der folder sig ud, når du ikke længere skal holde dig selv alene.

Selv hvis den ikke fandtes tidligere, kan kroppen lære den nu — langsomt, over tid, i møder hvor du får lov at være her uden at miste dig selv.

Essens — forståelsen

I barndommen lærer kroppen tryghed gennem gentagne møder med nærvær og afstemning. Når nogen ser og møder dig igen og igen, opbygges de kredsløb, der senere regulerer følelser og kontakt. Kroppen lærer: *Når jeg kalder, kommer nogen.*
Brydes denne rytme af fravær eller uforudsigelighed, reagerer kroppen før tanken. Barnet spænder eller trækker sig. Mønstrene formes ikke af ord, men af sansede erfaringer.
Som voksen kan tryghed derfor føles både hjemlig og fremmed. Kroppen længes efter nærhed og beskytter samtidig det, der ikke blev mødt.
I stabil kontakt kan et nyt mønster langsomt udvikles: *Jeg er sikker. Jeg hører til* — ikke som indsigt, men som kropslig erindring.

En lille fortælling

Ava sidder tæt på sin mor, mens eftermiddagslyset falder ind gennem vinduet. Der siges ikke meget. Hun læner sig kun en lille smule ind, som om kroppen selv ved, at der er plads nok. Hånden på hendes ryg er varm uden at styre.

Luften mellem dem er stille, og Ava trækker vejret dybere, næsten som om hendes bryst først nu opdager, at det ikke længere skal holde vagt.

Hun ser op et øjeblik, og blikket hun møder, får skuldrene til at falde en anelse. Der er ingen hast, ingen forventning — kun den ro, der opstår, når nærhed ikke kræver noget af hende.

Et lille suk slipper ud, og kroppen bliver tungere mod stolen. Ikke som træthed, men som tillid.

Det er her, trygheden begynder: i de øjeblikke, hvor Ava ikke behøver at gøre sig mindre eller større, men blot får lov at være.

Kroppen husker sådanne møder. Som om noget i hende siger:

Her kan jeg lande.

Her må jeg være mig.

Øvelse — Sans tryghed indefra

Denne øvelse er en invitation — uden pres. Start i et neutralt eller trygt sted i kroppen. Hold pauser, justér eller stop, hvis kroppen siger fra.

Sæt dig et sted, hvor kroppen kan finde tyngde.
Tænk på et menneske,
et dyr eller et sted,
der føles helt trygt.

Luk øjnene, og læg mærke til,
hvad der sker i kroppen:
hvor varmen viser sig,
hvor spændingen falder,
hvor noget bliver tungere,
blødere eller stille.

Træk vejret ind i den sansning
og sig stille.
Jeg er tryg lige nu,
og jeg mærker det som ...
(navngiv det sted
eller den fornemmelse)
Bliv dér
et øjeblik.
Kroppen lærer, at tryghed ikke kun findes
i andres blik, men kan opstå indefra,
når du giver den lov.

Samtale med dig selv

- *Hvordan føles tryghed fysisk i din krop?*
- *Hvad tillader du, når du føler dig sikker?*
- *Hvilken ny fortælling opstår, når kroppen mærker ro?*

Der findes ikke rigtige svar. Spørgsmålene er kun tænkt som støtte til at orientere dig — ikke til at vurdere dig.

Integration — trygheden flytter hjem

Tryg tilknytning er ikke optimering af relationer,
men evnen til at være i nærvær uden at miste dig selv.
Når kroppen tør åbne sig i ro, bliver tryghed ikke længere noget, du søger udefra, men et sted du kan lande.
Når kroppen mærker:
Jeg er her, jeg er sikker, jeg er mig —
så begynder hjemlighed.

Faglig note

Tilknytning formes som kropslig regulering gennem det tidlige samspil mellem barn og omsorgsperson. Blik, rytme, tonefald og berøring fungerer som regulerende signaler, der påvirker barnets arousal, kropssansning og følelsesmæssige organisering og danner grundlaget for de kredsløb, der forbinder krop, følelse og relation (Schore; Feldman). Denne regulering sker ikke primært gennem ord, men gennem gentagen sanselig afstemning, hvor kroppen gradvist lærer, hvad der er trygt.

Når samspillet er præget af stabil afstemning, udvikler kroppen en grundrytme af fleksibilitet, tillid og orientering mod kontakt. Ved uforudsigelighed, fravær eller overbelastning kan reguleringen i stedet forskydes mod årvågenhed, mobilisering eller tilbagetrækning. Disse mønstre lagres ikke som tanker, men som kropslige forventninger til relation og påvirker senere oplevelsen af nærhed, grænser og tryghed (Schore; Fonagy).

Senere i livet kan nye erfaringer med nærværende, reguleret kontakt gradvist ændre denne indre organisering. Når kroppen gentagne gange mødes med rolige, forudsigelige og afstemte regulerende signaler, øges autonom fleksibilitet, hjerterytmens variation og evnen til at integrere sansning og følelser i kontakt (Feldman; Thayer & Lane).

Tryghed indskrives dermed ikke som en overbevisning, men som ny kropslig erfaring.

Kontakt bliver tryg, når kroppen igen og igen bliver mødt med regulerende signaler, der kan bæres.

Under spændingen bor visdommen. Under beskyttelsen bor livet.

DEL 5 — Kroppens praksis og liv

Teori, erfaring og praksis

Denne del er en invitation til at erfare —
ikke kun at forstå.

Gennem hele bogen har kroppen talt med i ord, billeder, øvelser og sansning.
I denne del træder praksis endnu tydeligere frem.

Her åbnes et rum, hvor du kan dvæle ved det, mærke det i dit eget tempo og lade erfaring få mere plads end forklaring.

Kroppen husker mere, end sindet kan forklare.
Og gennem øvelser, billeder og poetiske bevægelser får du mulighed for at møde denne viden — ikke som noget, der skal repareres, men som noget, der langsomt kan folde sig ud.

Her bliver forståelse til erfaring.
Her bliver erfaring til rytme.

Du inviteres til at mærke, hvordan din egen krop taler sit sprog — gennem bevægelse, åndedræt, kontakt og stilhed som vejvisere.

Kroppens poesi er det sted, hvor viden bliver til nærvær.

40. Ritualer og regulering

Det stille håndværk bag indre stabilitet

Indledning

Dagen begynder stille. Du lægger hænderne om en kop og mærker varmen samle sig mod huden. Luften er kølig nok til, at brystet giver efter.

Du tager en lille indånding — ikke for at ændre noget, men fordi kroppen falder i takt med det, du gør igen og igen.

Nogle bevægelser bliver til steder, du kan vende tilbage til:
et lys, der tændes på samme tidspunkt,
en gåtur, der bærer fødderne i det samme tempo,
en hånd, der hviler mod hjertet i et øjebliks stilhed.

Ikke som mål, men som rytmer.

Gentagelser sætter spor i vævet og minder kroppen om, at ro ikke skal opnås — den kan genkendes.

Et ritual er ikke en præstation, men en vej tilbage til et sted i dig, hvor noget kan lande igen og igen.

Essens — forståelsen

Et reguleret nervesystem næres af tre bevægelser: rytme, kontakt og bevægelse. De findes både i kroppen og i verden omkring dig.
Rytme i hjerteslag og åndedræt.
Rytme i gentagelserne i din dag.
Kontakt med kroppen indefra.
Kontakt med mennesker, lys og luft.
Bevægelse i små indre skift.
Bevægelse i skridt, stræk og orientering.
Det er ikke teknikker, der skal mestres, men rytmer, kroppen allerede kender.
Når de genkendes i et tempo, der føles sikkert, begynder nervesystemet at genkende sig selv igen.
Nervesystemet heler i det, der gentages langsomt.

En lille fortælling

Fie står i stuen tidligt om morgenen. Lyset er mat, og huset er endnu stille.
Hun tænder det lille stearinlys, det samme som hver dag, og flammen løfter sig i et roligt åndedrag.
Hun pakker hænderne om koppen, mærker varmen brede sig gennem fingrene og ind i håndleddene, som om kroppen svarer tilbage.
Udåndingen bliver længere, ikke fordi hun prøver, men fordi noget i hende genkender bevægelsen.

Hun tager tre stille skridt hen mod vinduet.
De er de samme skridt som i går, og kroppen falder ind i rytmen, længe før tanken gør.
Skuldrene glider ned, og brystet åbner sig en anelse, som om ritualet bærer hende et lille stykke længere ind i dagen.
Det er et lille øjeblik, næsten usynligt for andre.
Men for Fie er det et sted at lande — en gentagelse, der minder kroppen om, at ro ikke skal skabes fra bunden hver dag. Den skal blot findes igen.

Øvelse — En dag med kroppen

Denne øvelse er en invitation — uden pres. Start i et neutralt eller trygt sted i kroppen. Hold pauser, justér eller stop, hvis kroppen siger fra.

Morgenen kan begynde med langsomme bevægelser. Lad hænder og fødder vågne, skuldrene rulle blødt, og mærk kroppen bære dig, før dagen tager fart.

Midt på dagen kan du standse et øjeblik. Tre rolige åndedrag kan være nok. Lad udåndingen blive en smule længere, og læg måske en hånd dér, hvor kroppen falder mest til ro.

Senere kan kroppen have brug for at slippe det, den har samlet op. Små rystelser i arme, ben eller nakke kan lade spændingen bevæge sig videre. Afslut eventuelt med langsomme strøg over dine arme og ben. Måske følger små, rytmiske bevægelser — en let bouncing, hvor kroppen igen mærker sin helhed.

Hvis muligheden er der, kan et øjeblik i naturen gøre noget enkelt. Åndedrættet falder ofte i rytme.

Når dagen nærmer sig sin afslutning, kan berøring være et sted at lande. Hænder på bryst eller mave. Måske en stille sætning: *Jeg er lige her.*
Og kroppen får lov at synke en anelse dybere, mens dagen slipper.

Samtale med dig selv

- *Hvilke små handlinger får dig til at mærke ro?*
- *Hvornår glemmer du at vende tilbage til kroppen?*
- *Hvilket ritual kunne blive dit daglige anker for tryghed?*

Der findes ikke rigtige svar. Spørgsmålene er kun tænkt som støtte til at orientere dig — ikke til at vurdere dig.

Integration — gentagelse som vej hjem

Ritualer er den blide form for disciplin,
der ikke straffer, men støtter. De minder kroppen om, at livet går videre — og at rytmen altid kan genfindes. Når du vender tilbage til gentagelsen, vender du hjem til dig selv. Heling bliver da ikke en begivenhed, men en bevægelse.
Et roligt nervesystem skabes ikke på én dag —
men én dag ad gangen.

Faglig note

Gentagne, rytmiske bevægelser og sansende ritualer kan fungere som regulerende signaler for organismens reguleringssystem ved at skabe forudsigelighed, rytme og kropslig sammenhæng. Når kroppen møder gentagelse i et tempo, der opleves som trygt, understøttes autonom regulering, hvilket kan fremme ro, kontakt og oplevelsen af indre stabilitet (Thayer & Lane; Feldman; Schore).

I Somatic Experiencing beskriver Peter Levine, hvordan regulering ofte opstår gennem små, doserede bevægelser og gentagne erfaringer, der gør det muligt for kroppen gradvist at bevæge sig ud af fastlåst aktivering uden overvældelse. Det er ikke intensiteten, men rytmen og gentagelsen, der gør bevægelse regulerende.

Forskning i traumefysiologi peger samtidig på, at kroppen genopbygger reguleringskapacitet gennem gentagne kropslige erfaringer af sikkerhed snarere end gennem indsigt alene (van der Kolk). Over tid kan dette understøtte større autonom fleksibilitet og øget hjerterytmevariabilitet, hvilket afspejler et system, der igen kan bevæge sig mere frit mellem aktivering og hvile.

Ritualer virker derfor ikke primært som teknikker, men som gentagelige mønstre af rytme, kontakt og forudsigelighed, der giver kroppen mulighed for gradvist at genkende regulering som noget muligt.

Rytme er den form, tryghed tager, når kroppen får lov at lære i sit eget tempo.

41. At møde barnet i kroppen

Når fortidens erfaringer viser sig i nuet

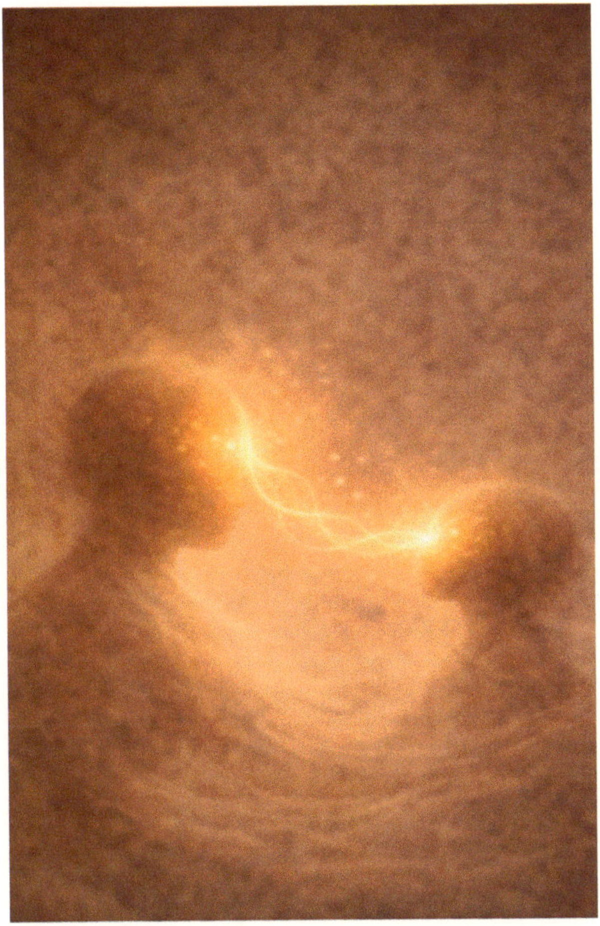

Indledning

Du sidder stille et øjeblik. Hænderne hviler mod lårene. Åndedrættet holder sig tilbage i brystet som et lille, næsten usynligt stop.

Skuldrene trækker sig en anelse ind, og kroppen gør sig mindre uden beslutning. Der er ingen ord her. Kun en gammel bevægelse, skabt længe før du bar dig selv.

Et barn lærte engang at passe sig ind ved at tie stille,
bære mere end det kunne sige,
og holde vejret for ikke at miste det,
der var vigtigt.

Det spor findes stadig i vævet — ikke som uro,
men som en del af dig, der træder frem, når noget kommer tæt på, og beder om at blive holdt, ikke korrigeret.

Essens — forståelsen

Barnet i kroppen er ikke en metafor, men de nervesystemspor, du udviklede for at klare dig: at gøre dig lille, holde vejret eller bære mere, end du kunne sige. Når nutiden minder om dengang, vækkes de samme beskyttelsesreaktioner — ikke for at skabe problemer, men for at passe på dig.

De viser sig i små bevægelser: skuldre, der falder ind, et blik, der undviger, en puls, der strammer.

At møde barnet i kroppen handler ikke om at forstå fortiden, men om at blive hos sporene med varme.

Når kroppen møder tryghed i nutiden, kan de gamle reaktioner begynde at bevæge sig og langsomt ændre sig.

Barnet i dig beder ikke om forklaring, kun om nærvær.

En lille fortælling

Thorstein sidder ved køkkenbordet med hænderne foldet om kanten af stolen. Han siger ikke noget, men åndedrættet standser et øjeblik højt i brystet, som om noget i rummet blev for tæt. Skuldrene trækker sig en anelse ind, næsten umærkeligt. Blikket glider væk mod vinduet, ikke for at se noget,
men for at blive mindre synlig.

Det er en gammel bevægelse, der folder sig ud — et barn, der lærte at gøre sig lille, før nogen nåede at spørge. Da en venlig stemme nævner hans navn, skifter noget i ham. Ikke stort. Bare et lille slip i skuldrene, en udånding, der finder vej ned i maven, som om kroppen opdager, at den ikke behøver bære alt alene.
Han løfter blikket et øjeblik længere end han plejer. Den lille bevægelse er svær at se udefra, men indeni åbner der sig et rum: en erfaring af, at nogen bliver — og at han godt må være her, præcis som han er. Fødderne finder gulvet under bordet. Vægten fordeler sig en anelse mere jævnt.

Det er ikke et gennembrud.
Bare en stille erfaring,
kroppen kan gemme til næste gang.

Øvelse — Skab tryg kontakt til det indre barn

Denne øvelse er en invitation — uden pres. Start i et neutralt eller trygt sted i kroppen. Hold pauser, justér eller stop, hvis kroppen siger fra.

Sæt dig et roligt sted, hvor kroppen kan hvile.
Luk øjnene og lad åndedrættet falde blødt.
Lad en yngre version af dig selv
tone frem —
ikke som et billede,
men som en fornemmelse
i kroppen.

Mærk, hvor barnet viser sig —
et tryk i brystet,
varme i maven,
en stille sammentrækning.
Læg en hånd dér og sig stille
Jeg er her nu.

Bliv et øjeblik i sansningen,
uden at ændre noget.
Lad det som sker komme.

Kroppen behøver
kun nærvær —
ikke forklaring.

Samtale med dig selv

- *Hvilke situationer i dit liv vækker følelsen af at være lille eller magtesløs?*
- *Hvad sker der i kroppen, når du tillader dig at føle omsorg for den del af dig?*
- *Hvordan kan du bringe mere tryghed til dit indre barn i hverdagen?*

Der findes ikke rigtige svar. Spørgsmålene er kun tænkt som støtte til at orientere dig — ikke til at vurdere dig.

Integration — Barnet vil bare ses

At møde barnet i kroppen er ikke én handling.
Det er et forhold. Et stille løfte om at vende tilbage, lytte og tage vare på det, du engang måtte forlade.
I begyndelsen giver du barnet den omsorg, det manglede.
Men langsomt opdager du også noget andet:
du kan mærke barnets smerte uden at forsvinde i den.
En del af dig mærker barnet og dets sår.
En anden del bliver stående.
Omsorgen begynder at bevæge sig begge veje.
Du giver barnet støtte — og tager samtidig imod dets liv.
Når barnet og den støttende del af dig får lov at være der sammen, falder noget i kroppen til ro.

Faglig note

Når mennesket møder barnet i kroppen med nærvær og empati, kan reguleringsprocesser i nervesystemet aktiveres, som er forbundet med tryg tilknytning og følelsesmæssig stabilitet. Ifølge John Bowlby udvikles disse mønstre gennem tidlige erfaringer med responsiv omsorg, hvor barnet lærer, at kontakt kan være sikker og tilgængelig. Senere i livet kan lignende regulerende erfaringer opstå gennem relationelle møder og gennem evnen til at møde egne sansninger og følelser med venlig opmærksomhed.

Allan Schore beskriver, hvordan brud i tidlig følelsesmæssig afstemning kan lagres som implicit hukommelse i højre hemisfæres følelses- og reguleringsnetværk. Affektregulering udvikles gennem gentagne samspil, hvor mimik, stemmeføring og følelsesmæssig afstemning gradvist organiserer nervesystemets evne til sammenhæng og stabilitet (Thayer & Lane; Feldman; Schore).

Gabor Maté peger på, at mange mennesker tidligt lærer at tilsidesætte egne behov for at bevare relationel tryghed. Denne tilpasning kan senere vise sig som indre spænding, selvkritik eller vanskeligheder ved at mærke egne grænser. Når kroppen mødes med venlig og ikke-dømmende opmærksomhed, kan denne organisering gradvist begynde at løsne sig.

I denne bog forstås processen i forlængelse af Deep Containment, hvor sansninger, følelser og kropslige reaktioner kan mærkes i små doser, samtidig med at en støttende og regulerende del af personen forbliver til stede. På den måde kan barnet i kroppen og barnets sår træde frem uden at føre til overvældelse. Over tid kan sådanne erfaringer skabe nye spor af regulering, hvor nærhed ikke længere opleves som en trussel mod egen autonomi.
På den måde bliver mødet med barnet i kroppen ikke en regression, men en modning — hvor selvkontakt, relation og regulering gradvist integreres.

Når du bliver den, du engang manglede, begynder kroppen at hvile.

42. Mikroforandringer

Små skift, stor betydning

Indledning

Du står stille et øjeblik. Luften bevæger sig langsomt ind gennem næsen, som om kroppen lytter. Skuldrene holder en spænding, og brystet løfter sig kun halvt, før åndedrættet standser.

Så sker det, næsten ubemærket.
En lille udånding glider frem, som om kroppen giver slip et øjeblik.

Ikke stort.
Ikke dramatisk.
Bare en tynd sprække, hvor noget indefra får plads.

Der er ingen forvandling i det ydre. Kun en ny rytme i vævet, en bevægelse der opstår, uden at du presser den.

Nogle gange er det dér, tingene vender —
ikke i springet, men i det næsten usynlige skift, hvor kroppen mærker sig selv igen.

Essens — forståelsen

Nervesystemet forandrer sig i rytmer, ikke i spring.
Tryghed gentaget i små øjeblikke begynder langsomt at ændre det, kroppen forventer.
Kroppen tager kun det, den kan bære.
Lidt ad gangen. Alt tæller.
Et åndedrag. En blødere puls.
Du behøver ikke flytte bjerge. Kun tage det skridt, kroppen kan følge.
Integration opstår i små glimt, som Daniel Siegel beskriver det — når du kan være nærværende i det, der før var for meget.
Heling begynder i det øjeblik kroppen mærker:
Jeg kan bevæge mig — og stadig være tryg.

En lille fortælling

Alba står ved køkkenvasken med hænderne i det lunkne vand. Hun mærker ikke meget — kun en let spænding bag brystbenet, som en vane kroppen endnu ikke helt har lagt fra sig. Hun vasker en kop af uden rigtigt at være i bevægelsen.
Åndedrættet bliver højt, og hun skubber en hårtot om bag øret, som om hun vil skabe lidt plads omkring sig.

Så sker det, næsten uden lyd. En lille udånding glider ned gennem brystet, blødere end de foregående. Skuldrene falder et par millimeter, og hun lægger mærke til varmen fra vandet, som om hænderne først nu opdager, at de er i det.

Det er ikke en forandring, nogen ville se.
Men inde i hende åbner et lille rum sig —
en anelse mere plads.
Et øjeblik hvor kroppen melder sig igen, som om den siger:
Det er nok.
Bare dette.

Øvelse — Det lille skridt

Denne øvelse er en invitation — uden pres. Start i et neutralt eller trygt sted i kroppen. Hold pauser, justér eller stop, hvis kroppen siger fra.

Sæt dig, og lad kroppen falde i sin egen tyngde.

Luk øjnene og spørg stille:
Hvad kalder på mig —
i det helt små?

Vent, til én sansning træder frem:
en udånding, der vil blive længere
en hånd, der vil hvile et bestemt sted
en lille bevægelse, der vil begynde

Giv plads
til netop dén impuls.
Læg mærke til skiftet bagefter
en varme,
et suk,
en blødere rytme.

Samtale med dig selv

- *Hvilke små forandringer har gjort den største forskel for dig?*
- *Hvornår mærker du, at »nok« er nok for kroppen?*
- *Hvordan kan du begynde at ære det langsomme som en styrke — ikke en begrænsning?*

Der findes ikke rigtige svar. Spørgsmålene er kun tænkt som støtte til at orientere dig — ikke til at vurdere dig.

Integration — Det lille skridt

Mikroforandringer er livets egen måde at hele på.
Et træ vokser ikke i spring, men i ringe.
Et sår lukker sig ikke i ét øjeblik, men celle for celle.
Når du begynder at stole på de små skridt,
opdager du, at du allerede er i bevægelse. Og at hvert lille suk, hver åbning, hvert åndedrag, er et bevis på, at du er på vej hjem.
Heling er ikke dramatisk.
Den er stille, tålmodig —
og uendeligt trofast.

Faglig note

Neuroplasticitet opstår gennem små, gentagne erfaringer af tryghed, bevægelse og kontakt. Når kroppen møder forandring i et tempo, den kan følge, begynder nye regulerende forbindelser gradvist at styrkes i hjernens netværk og i organismens samlede reguleringssystem (Siegel; Schore).

Selv små ændringer i åndedræt, kropsholdning eller opmærksomhed kan skabe nye spor i nervesystemet, når de gentages med nærvær. Forskning peger på, at sådanne forandringer integreres mest stabilt, når de ledsages af interoceptiv opmærksomhed — evnen til at registrere kroppens indre signaler (Craig).

På den måde kan nervesystemet optage nye erfaringer uden at gå i alarm eller overbelastning. Forandring opstår derfor sjældent i spring, men i små rytmiske justeringer, som kroppen gradvist organiserer omkring.

Over tid kan sådanne erfaringer øge autonom fleksibilitet og styrke kroppens evne til at vende tilbage til reguleret balance, samtidig med at oplevelsen af selvforankring og autonomi gradvist styrkes (Thayer & Lane; Feldman).

Når du går langsomt nok, kan kroppen følge med.

43. At leve fra et reguleret sted

Når livet føles muligt igen

Indledning

Du står i badeværelset en tidlig morgen.

Vandet løber i en jævn, varm strøm over hænderne,
og kroppen tager imod varmen,
som om dagen folder sig ud indefra.

Skuldrene ligger lidt lavere end i går.
Åndedrættet finder en rytme, der ikke skal styres.
Tankerne bevæger sig forbi dig som stille skygger,
uden at rive dig med.

Der er stadig rester af noget tungt et sted i maven,
men det fylder ikke hele rummet.

Kroppen holder fast i sin plads, ikke ved at spænde op
— men ved at være hjemme i sig selv.

Essens — forståelsen

Et reguleret nervesystem er som et fint stemt instrument: klart, levende og spændt, men aldrig til bristepunktet.
Du mærker dine følelser, uden at de vælter dig.
Du kan være i kontakt, uden at miste dig selv.
Du kan handle, uden at reagere.
At leve fra et reguleret sted er ikke en destination, men en praksis, du vender tilbage til — i åndedrættet, i pausen, i blikket, der bliver lidt længere.
Når kroppen har fleksibilitet, kan den bevæge sig frit mellem ro og handling, mellem nærhed og grænse, uden at miste forbindelsen indadtil.
Regulering er ikke fravær af uro, men evnen til at blive, mens det stormer.

En lille fortælling

Sigurd står i gangen og tager skoene af. Dagen sidder stadig i skuldrene som en rest af tempo. Lydene fra stuen er bløde, genkendelige — hverdagsrumlen, der inviterer mere end den kræver.
Han bliver stående et øjeblik. Lader åndedrættet falde dybere, mærker fødderne finde gulvet igen. Jakken hænger stadig tungt over armen, som om kroppen endnu ikke helt har givet slip.
En lille varme breder sig langs maven, ikke dramatisk — bare en stille bund. Skuldrene glider en centimeter ned. Brystet åbner sig en anelse, og luften finder lettere ind.
Han lytter et øjeblik til rummets rytme. Stemmerne, en kop der sættes på bordet, noget der bevæger sig i køkkenet.
Og han mærker det.
Kroppen kommer hjem, før han selv når ind i rummet.

Øvelse — At vende tilbage til balance

Denne øvelse er en invitation — uden pres. Start i et neutralt eller trygt sted i kroppen. Hold pauser, justér eller stop, hvis kroppen siger fra.

Sæt dig så kroppen hviler i sin egen tyngde.

Luk øjnene
og mærk fødderne
mod gulvet.

Lad åndedrættet
glide ned
til det sted,
hvor pulsen
føles tydeligst.
Følg udåndingen,
uden at styre den.

Spørg stille:
Hvordan føles det,
når jeg er mig selv igen?

Vent på sansningen —
ikke svaret.
Et suk,
en tyngde,
en lille varme.

Hver gang
du vender tilbage hertil,
styrkes kroppens rytme
indefra.

Samtale med dig selv

- *Hvornår mærker du, at du lever fra et reguleret sted?*
- *Hvordan kender du forskellen på ro og afkobling?*
- *Hvilke små handlinger hjælper dig med at komme hjem igen?*

Der findes ikke rigtige svar. Spørgsmålene er kun tænkt som støtte til at orientere dig — ikke til at vurdere dig.

Integration — Når kroppen bliver et sted at stå

At leve fra et reguleret sted er ikke at undgå stormen, men at vide, hvor du står, mens den passerer.
Herfra bliver relationer dybere, kroppen lettere, og verden mere mulig.
Du er ikke længere i kamp med livet —
du bevæger dig med det.
Ro er ikke slutningen på rejsen.
Det er måden, du fortsætter på.

Faglig note

Et reguleret nervesystem kendetegnes ved fleksibilitet — evnen til at bevæge sig mellem aktivering, sansning og hvile uden at miste kontakt til sig selv eller omgivelserne. I denne tilstand kan organismen tilpasse energi, opmærksomhed og handling efter situationens krav.

Regulering viser sig derfor ikke som passiv ro, men som en dynamisk organisering, hvor kroppen kan forblive orienteret og responsiv, også når intensitet opstår.

Set fra nyere affektiv neurovidenskab kan regulering forstås som en løbende justering af hjernens forudsigelser om belastning og sikkerhed. Når situationen vurderes som håndterbar, reduceres stressrelateret aktivering, og der frigøres ressourcer til refleksion, mening og fleksibel handling (Barrett).

I denne tilstand øges også organismens autonome fleksibilitet — evnen til at bevæge sig mellem engagement, handling og hvile uden at fastlåses i vedvarende alarm eller tilbagetrækning (Thayer & Lane; Feldman).

Regulering er derfor ikke stilstand, men en levende rytme mellem spænding og hvile.

Et reguleret nervesystem er ikke tavst. Det er levende — i bevægelse med livet.

44. Kroppen som tempel

Når kroppen bliver et hjem

Indledning

Du står et stille sted og mærker føddernes møde med gulvet.

Luften ligger lunt omkring kroppen,
og åndedrættet bevæger sig ind og ud i et jævnt tempo.

Der er en tyngde i maven, en varme bag brystbenet,
som om kroppen samler sig indefra.

Skuldrene falder en anelse, uden at du beder dem om det. Et lille slip.

I stilheden åbner et rum sig.
Ikke stort, ikke dramatisk —
blot et sted hvor kroppen ikke skal være anderledes, end den er.

Som om en dør åbner sig indad,
og du mærker konturen af noget velkendt.
Noget du måske har kendt længe før ordene.

Det er ikke noget, du skal skabe.
Det træder frem, når kroppen får lov at være det sted,
du bor — ikke det sted, du retter på.

Essens — forståelsen

Når vi vokser op med uro eller skam, lærer kroppen at beskytte os ved at gemme dele væk. Vi bliver funktionelle og tilpassede, men mere afkoblede.
Det handler ikke om at blive fri for det, der skete, men om at blive fri med det.
I traumet mister vi forbindelsen til kroppen og flytter ud, fordi det var for smertefuldt at blive. Men kroppen giver ikke op. Den venter og kalder os hjem.
At gøre kroppen til et helligt rum er, at begynde at lytte igen — til hjertet, maven og åndedrættet, der siger: *Jeg er her.*
Når du møder kroppen som en ven, opstår en stille fred. Kroppen er ikke stedet, hvor du gemmer dig for livet, men hvor livet finder dig igen.

En lille fortælling

Viggo står i entréen og binder sine sko.
Morgenen er stille, og lyset ligger varmt mod væggen, som om rummet selv trækker vejret langsomt.
Han retter sig op et øjeblik. Fødderne møder gulvet med en tyngde, der føles mere som hjem end som vægt. Åndedrættet glider ind gennem næsen, ud i en jævn strøm, der breder sig ned langs brystet.
Der er stadig en rest af spænding i maven, en gammel vane i nakken, der holder en smule igen.
Men i dag skubber det ikke. Det står bare dér, uden at fylde hele rummet.
Så kommer skiftet. Et lille suk — næsten umærkeligt — blødgør overkroppen, som om noget slipper uden dramatik.
Viggo lægger en hånd mod brystet, ikke for at rette noget, men for at mærke det, der allerede er der.

I det øjeblik føles kroppen ikke som et projekt, der skal forbedres eller holdes i skak, men som et sted, der tager imod ham.
En stille fornemmelse af:
Her kan jeg være.

Øvelse — Gør kroppen til et trygt rum

Denne øvelse er en invitation — uden pres. Start i et neutralt eller trygt sted i kroppen. Hold pauser, justér eller stop, hvis kroppen siger fra.

Sæt dig et sted, hvor kroppen kan lande i din tyngde.
Luk øjnene og lad åndedrættet glide ind og ud.

Mærk kontakten under dig —
stolen,
gulvet,
varmen fra dine hænder.

Find ét sted i kroppen, der føles roligt
eller neutralt.

Bliv dér et øjeblik
som i dit indre hjem.
Sig stille:
Jeg hører til her.

Vent på kroppens svar —
en dybere udånding,
en varme,
en tåre der triller

Hver gang du vender tilbage hertil,
finder kroppen
vejen hjem.

Samtale med dig selv

- *Hvordan sanses det, når kroppen får lov at være dit hjem?*
- Hvilke steder i kroppen kan du lande i dig selv?
- *Hvad sker der, når kroppen ikke længere er et projekt — men det sted, du bor?*

Der findes ikke rigtige svar. Spørgsmålene er kun tænkt som støtte til at orientere dig — ikke til at vurdere dig.

Integration — Kroppen som dit fundament

Kroppen er ikke bare et redskab for heling —
den er helingen.
Den er den jord, alt andet spirer fra.
Når du begynder at ære kroppen, begynder livet at ære dig. Helingen findes ikke et sted udenfor,
men i åndedrættet, i hjertet, i stilheden mellem to pulsslag.
At ære kroppen er at sige ja til livet —
præcis som det er.

Faglig note

Når kroppen opleves som et trygt og sammenhængende indre rum, styrkes den interoceptive bevidsthed — evnen til at registrere kropslige signaler som åndedræt, spænding, rytme og indre tilstande (Barrett; Seth).

Denne sansning giver hjernen mere præcise informationer om kroppens tilstand og understøtter oplevelsen af selvfornemmelse og indre sammenhæng.

Når opmærksomheden rettes venligt mod kroppen, kan autonom regulering stabiliseres, og organismen bevæger sig gradvist fra vedvarende årvågenhed mod reguleret tilstedeværelse. Kroppen kan da igen opleves som et sted at være i — ikke kun et sted at fungere fra (Thayer & Lane; Feldman).

Affektiv neurovidenskab peger samtidig på, at følelsesmæssig klarhed i høj grad opstår gennem præcis kropslig sansning frem for analyse alene. Når kroppen mærkes tydeligere, justerer hjernen løbende sine forudsigelser om både verden og selvet, hvilket kan øge oplevelsen af orientering og indre stabilitet (Barrett).

Når kroppen får lov at være et beboet rum frem for et problem, der skal løses, kan en stille reorganisering finde sted — i denne bog forstået i forlængelse af

Deep Containment, hvor kroppen mødes med sansning, bæreevne og reguleret tilstedeværelse.

Nervesystemet falder til ro — ikke ved at blive dæmpet, men ved at blive mødt.

Når kroppen føles som hjem, finder

nervesystemet tilbage til sin egen rytme.

45. Når støtte udefra er nødvendig

Om at søge professionel hjælp

Der findes processer, som ikke skal bæres alene.
Selv om kroppen rummer en dyb evne til regulering og heling, kan der være tidspunkter, hvor belastningen er for stor, for tidlig eller for gennemgribende til, at den kan rummes uden støtte.
At række ud er ikke et nederlag, men en måde at tage kroppen alvorligt på.
Hvis du oplever, at tilstande som angst, tomhed, uro, selvkritik eller fravær fylder det meste af din hverdag, eller hvis du gentagne gange mister fodfæste i kontakt med andre, kan det være tegn på, at dit nervesystem har brug for mere støtte, end du kan give dig selv.

Det samme gælder, hvis du oplever:

- Vedvarende frys, kollaps eller følelsesløshed
- Tilbagevendende flashbacks eller overvældelse
- Stærk skam eller selvbebrejdelse
- Vanskeligheder med at mærke grænser eller behov
- Oplevelser af ikke at være til stede i dig selv
- Tanker om ikke at ville være her

I sådanne tilfælde kan professionel hjælp være nødvendig og virksom. Traumefokuseret psykoterapi, psykologisk behandling eller medicinsk støtte kan skabe den ydre ramme, som gør indre regulering mulig.
At søge hjælp betyder ikke, at du har fejlet.
Det betyder, at dit system har båret meget —

ofte for længe — og har brug for at blive mødt i relation.
Heling sker sjældent alene.
Den sker i kontakt.
Denne bog kan støtte forståelse, sprog og nænsom opmærksomhed, men den kan ikke erstatte behandling, når belastningen er alvorlig. Den er tænkt som et ledsagende rum,
ikke som en løsning i sig selv.
At række ud er også en form for regulering.
En måde at sige:
Det her behøver jeg ikke bære alene.

Faglig ramme

Når hjerne og krop arbejder sammen

De centrale teorier, der understøtter bogens tilgang. Heling gennem kroppen er ikke én metode, men et møde mellem flere faglige forståelser. Hver af dem belyser en brik af det landskab, vi bevæger os i, når traumer sætter sig — og når vi begynder at komme hjem igen.
Det følgende giver et samlet overblik over de vigtigste teorier og forskere, som denne bog læner sig op ad.

Hjernen som forudsigende organ

Lisa Feldman Barrett
Hjernen ser ikke verden direkte.
Den arbejder gennem forudsigelser baseret på kroppens signaler: puls, muskeltonus, temperatur, tarmrytme og åndedræt.
Barrett kalder dette **allostase** — hjernens arbejde med at justere kroppens energibudget.
Når kroppen har levet i alarm længe, lærer hjernen at forudsige fare, selv i tryghed. Den bruger gamle kort, og symptomerne bliver ofte misforstået som personlighedstræk i stedet for biologiske reaktioner.
Heling kræver, at hjernen **gradvist** får nye data fra kroppen: små skift i puls, åndedræt, bevægelse og tyngde, der fortæller den, at det er nutid, ikke fortid.

Kroppens hukommelse

Bessel van der Kolk

Traumer lagres ikke primært som fortællinger, men som kropslige aftryk i nervesystemet.
Det autonome system, muskeltonus, hormonbalance og åndedræt former den »kropslige erindring«, der reagerer hurtigere end tanken.
Van der Kolks arbejde viser, hvorfor vi ikke kan tænke os ud af uroen — kroppen må inddrages, for at heling kan ske.

Autenticitet og tilknytning

Gabor Maté (CI) & Laurence Heller (NARM)

Gabor Maté peger på den tidlige pris, mange betaler for at høre til:
Barnet vælger tilknytning over autenticitet.
Vrede, behov og grænser nedtones for ikke at miste relationen.
NARM beskriver, hvordan disse tidlige tilpasninger bliver til identitetsmønstre, der fortsætter ind i voksenlivet — selv når faren for længst er ovre.
Heling handler om at genvinde retten til at mærke sig selv, uden frygt for at miste nogen.

Uafsluttet forsvarsrespons

Peter Levine & Somatic Experiencing (SE)

Når en organisme ikke kan fuldføre en biologisk forsvarsreaktion som kamp eller flugt, kan

nervesystemet blive stående i et vedvarende beskyttelsesmønster. Det kan vise sig som uro, muskelspænding, kollaps eller følelsesmæssig fladhed.
I Somatic Experiencing beskriver Peter Levine, hvordan kroppen ofte spontant viser små reguleringsskift, når dette mønster begynder at ændre sig, for eksempel gennem:

- mikrorystelser
- impulser til bevægelse
- varme eller ændret tonus
- små ændringer i åndedrættet

SE arbejder med at give disse kropslige processer plads i korte, regulerede øjeblikke, så organismen gradvist kan reorganisere sig uden at blive overvældet.
Når nye kropslige erfaringer integreres, får hjernen – som Lisa Feldman Barrett beskriver – nye interoceptive data, der kan opdatere tidligere forudsigelser om fare og sikkerhed.

Når teorierne ses samlet

Selvom forskerne bruger forskellige sprog, beskriver de samme mekanismer fra hver sin vinkel:

- **Barrett:** Hjernen forudsiger fare, når kroppen har lært alarm.
- **Van der Kolk:** Kroppen bærer sporene, før tanken gør.
- **Maté & Heller:** Autenticiteten sættes på pause for relationens skyld.

- **Levine:** Den uafsluttede energi fastholder systemet i fortiden.
- **Schore:** Nervesystemets fleksibilitet har afgørende betydning for oplevelsen af tryghed og regulering.

Samlet peger det på én konklusion:
Traumer lever i bruddet mellem det, kroppen ved, og det hjernen tror.
Heling sker, når de to begynder at tale sammen igen — millimeter for millimeter.

Epilog — Når du tager det næste skridt

Når du lukker denne bog, er der ikke noget, du skal kunne. Ingen øvelse, du skal mestre.
Ingen tilstand, du skal fastholde.
Det eneste, du tager med herfra, er kroppen.
Den samme krop, der fulgte dig ind i disse sider og som stille har reageret undervejs —
måske et suk, en lille varme, en tyngde, der fandt sin plads. Heling kommer sjældent i store brud.
Den viser sig i små skift, som ofte går ubemærket hen:
når du bliver stående lidt længere i dig selv,
når du svarer langsommere, når du mærker, før du handler. Du skal ikke skabe et nyt liv. Du skal være til stede i det liv, du allerede lever. Der vil komme dage, hvor kroppen glider tilbage i gamle spor — dage, hvor alarmen tænder for hurtigt, eller hvor kontakten indad bliver svær at finde.

Det betyder ikke, at du har mistet noget.
Det betyder bare, at kroppen minder dig om stien,
så du kan gå den igen med en anelse mere mildhed.
Hvis du bærer én ting med dig herfra, så lad det være dette: Kroppen leder dig ikke væk fra livet.
Den leder dig tilbage til det.
Lyt til den. Giv den tid. Gå med den, når den kalder dig hjem igen. Dette er ikke en afslutning.
Det er begyndelsen på den måde, du vælger at være i dig selv fremover. Beritt Bie Lillethorup

Ordliste — fagbegreber (A—Å)

Ordlisten forklarer centrale begreber fra traumeforskning, nervesystemets regulering og kropsorienteret psykoterapi, som anvendes i bogen.

- Affekt — Kroppens følelsesmæssige aktivering, som viser sig gennem sansning, spænding, mimik og bevægelse, ofte før bevidst tænkning.
- Afkobling — En beskyttende reaktion, hvor nærvær, sansning eller følelser dæmpes for at undgå overvældelse.
- Aggression (livskraft) — Kropslig energi til handling, grænsesætning og selvbeskyttelse. Ikke vold, men vital kraft.
- Arousal — Nervesystemets aktiveringsniveau, som kan være højt ved uro og alarm eller lavt ved træthed og fladhed.
- Autenticitet — En tilstand, hvor krop, følelser og handling stemmer overens uden selvfornægtelse eller overtilpasning.
- Autonomt nervesystem (ANS) — Den del af nervesystemet, som regulerer kroppens grundlæggende funktioner som hjerterytme, åndedræt, fordøjelse og aktivering. Systemet arbejder automatisk og tilpasser kroppen til både ro og belastning.
- Baroreceptorer — Trykfølsomme sanseceller i blodkarrene, som påvirker puls og regulering af ro.

- Bottom-up-processer — Reguleringsprocesser, der starter i kroppen gennem sansning og bevægelse og påvirker tanker og følelser.
- Chok — Pludselig overvældelse, der kan fastlåse kroppen i immobilisering og dæmpning.
- Completion of defensive response — Når kroppen får mulighed for at færdiggøre en tidligere afbrudt forsvarsreaktion.
- Containment — Evnen til at rumme kropslige fornemmelser, følelser og aktivering uden at blive overvældet, støttet af tryghed og tydelige rammer.
- Co-regulering — Regulering, der opstår i samspil med et andet menneske gennem kontakt, stemme, mimik og rytme.
- Desorientering — Midlertidigt tab af retning, nærvær eller fornemmelse af tid og sted.
- Fascia — Bindevæv, der forbinder og omslutter kroppens strukturer og reagerer på stress, bevægelse og traume.
- Figur og grund — Gestaltbegreb, hvor figur er det, der træder frem i opmærksomheden, og grund er den baggrund, det opstår fra.
- Frys — En automatisk overlevelsesreaktion, hvor kroppen fastlåses, når kamp eller flugt ikke er muligt.
- Hjertekohærens — En tilstand, hvor hjerterytme og åndedræt bevæger sig i et harmonisk mønster, som understøtter ro og regulering.

- Hyperarousal — Forhøjet aktivering med uro, hurtig puls, spænding og skærpet alarmberedskab.
- Hypoarousal — Lav aktivering med træthed, fladhed, lav energi og nedsat nærvær.
- Immobilisering — Kroppens evne til at standse bevægelse og energi som beskyttelse mod overvældelse.
- Interoception — Evnen til at mærke kroppens indre signaler som puls, åndedræt, spænding og temperatur.
- Kamp—flugt—frys — Grundlæggende overlevelsesreaktioner, der aktiveres automatisk ved oplevet fare.
- Kollaps — En dyb form for nedlukning med markant energifald som beskyttelse.
- Kropslig afgrænsning — Evnen til at mærke og udtrykke egne grænser gennem kroppen.
- Kropslig hukommelse — Måden erfaringer lagres i kroppen som sansninger, spændingsmønstre og reaktionsberedskab.
- Mikrobevægelser — Små spontane bevægelser, suk eller impulser, der hjælper kroppen med at regulere.
- Mobilisering — Kroppens forberedelse til handling gennem øget energi og spænding.
- Muskeltonus — Det grundlæggende spændingsniveau i musklerne, som afspejler nervesystemets tilstand.
- Nedlukning — En beskyttende tilstand med dæmpet energi, følelse og kontakt.

- Orientering — Kroppens evne til at registrere omgivelserne og skabe fornemmelse af her og nu.
- Orienteringsrespons — En automatisk kropslig reaktion, hvor nervesystemet orienterer sig mod omgivelserne for at vurdere sikkerhed.
- Overaktivering — En tilstand med for meget energi og spænding i nervesystemet.
- Overkobling — En tilstand, hvor tanker, følelser og kropslige reaktioner bliver for tætte og gensidigt forstærker hinanden.
- Overtilpasning — At dæmpe egne behov for at bevare relationer eller undgå konflikt.
- Parasympatisk regulering — Den del af det autonome nervesystem, der understøtter ro, restitution og genopbygning i kroppen.
- Pendulering — Kroppens evne til at bevæge sig mellem aktivering og ro uden at miste kontakt med sig selv.
- Prediktiv bearbejdning — Hjernens måde løbende at forudsige kroppens og omgivelsernes tilstand ud fra tidligere erfaringer. Disse forudsigelser justeres gennem nye sansninger fra kroppen og verden.
- Reguleringskapacitet — Nervesystemets evne til at bevæge sig fleksibelt mellem aktivering og ro og til at vende tilbage til balance efter belastning
- Resonans — Kropslig og følelsesmæssig afstemning mellem nervesystemer gennem kontakt og rytme.
- Relationel regulering — Regulering, der opstår i kontakt med et andet menneske.

- Resiliens — Evnen til at komme sig efter belastning og vende tilbage til regulering.
- Somatic Experiencing — Kropsbaseret traumeterapeutisk tilgang udviklet af Peter A. Levine med fokus på sansning og regulering.
- Sansning — Kroppens direkte registrering af indre og ydre signaler og grundlag for regulering.
- Selvregulering — Evnen til at justere egen aktivering gennem kropslige signaler og opmærksomhed.
- Sensorisk overbelastning — En tilstand, hvor sanseindtryk bliver for stærke og overstimulerer nervesystemet.
- Spejling — Når et andet menneskes respons genspejler ens indre tilstand og støtter regulering.
- Stressrespons — Kroppens samlede fysiologiske reaktion på oplevet belastning eller fare.
- Sympatisk aktivering — En tilstand hvor kroppen mobiliserer energi til handling. Hjerterytmen stiger, opmærksomheden skærpes og kroppen forberedes på at håndtere udfordringer eller fare.
- Skam — En relationel reaktion, hvor kroppen dæmper synlighed for at beskytte tilknytning.
- Skyld — En mobiliseret tilstand, hvor kroppen oplever ansvar og kontrol som nødvendige.
- Titrering — At arbejde med små doser af aktivering, så kroppen ikke overvældes.
- Tryg tilknytning — En relationel erfaring af sikkerhed, kontakt og følelsesmæssig tilgængelighed.

- Udviklingstraume — Traumatisering, der opstår over tid i barndommen ved manglende tryghed og regulering.
- Uforløst traume — En fastlåst kropslig forsvarsreaktion, der viser sig som nutidige reaktioner.
- Underkobling — Lav energi og nedsat engagement, som om kroppen går offline.
- Vagusnerven — Den 10. kranienerve er en central del af det autonome nervesystem, som formidler signaler mellem hjernen og kroppens indre organer og har en væsentlig betydning for regulering af hjerterytme, åndedræt og fordøjelse.

Litteratur og faglig inspiration

Litteraturlisten omfatter bøger, forskningsartikler og praksisnære kilder, som har inspireret bogens faglige og kropslige forståelsesramme.

Traumer og kroppen

- **Levine, P. A.** — *Waking the Tiger: Healing Trauma*
- **Levine, P. A.** — *In an Unspoken Voice: How the Body Releases Trauma and Restores Goodness*
- **Payne, P., Levine, P. A.**, & **Crane-Godreau, M. A.** (2015).
  Somatic Experiencing: Using Interoception and Proprioception as Core Elements of Trauma Therapy. *Frontiers in Psychology, 6, 93.*
- **van der Kolk, B. A.** — *The Body Keeps the Score*
- **Maté, G.**— *When the Body Says No*
- **Maté, G.**— *The Myth of Normal*
- **Maté, G.**— *In the Realm of Hungry Ghosts*
- **Fisher, J** — *Healing the Fragmented Selves of Trauma Survivors*

Nervesystem & autonom regulering

- **Schore, A. N.** — *Affect Regulation and the Origin of the Self*
- **Schore, A. N.** — *The Science of the Art of Psychotherapy*
- **Schore, A. N.** — *Right Brain Psychotherapy*
- **Thayer, J. F. & Lane, R. D. (2000)** — *A Model of Neurovisceral Integration in Emotion* Regulation and Dysregulation. *Biological Psychology.*
- **Stephen W. Porges** — *The Polyvagal Theory*
- **McEwen, B. (2007)** — *Physiology and neurobiology of stress and adaptation. Physiological Reviews.*

NARM & udviklingstraume

- **Heller, L., & LaPierre, A.** — *Healing Developmental Trauma*
- **NARM Training Institute** — *Artikler og undervisningsmateriale (narmtraining.com)*

Fascia, krop og spænding

- **Myers, T. W.** — *Anatomy Trains*
- **Schleip, R.** — *forskningsartikler om fascia, stress og autonom regulering*
- **Hedley, G.** — *Fascial Anatomy (online forelæsninger)*

Interoception & kropsbevidsthed

- **Craig, A. D.** — *How Do You Feel? An Interoceptive Moment with Your Neurobiological Self*
- **Craig, A. D. (2009**). *How do you feel? Interoception and the sense of the physiological condition of the body. Nature Reviews Neuroscience*
- **Damasio, A. R.** — *The Feeling of What Happens: Body and Emotion in the Making of Consciousness*
- **Fogel, A.** — *Body Sense: The Science and Practice of Embodied Self-Awareness*

Regulering, nærvær og praksis

- **Kabat-Zinn, J.** — *Wherever You Go, There You Are*
- **Nhat Hanh, T.** — *The Miracle of Mindfulness*

Sensitivitet, stress og miljø

- **Boyce, T. G.** — *The Orchid and the Dandelion: Why Sensitive People Struggle and How All Can Thrive*
- **Boyce, T. G.** — f*orskningsartikler om biologisk sensitivitet og stress*
- **Aron, E. N.** — *The Highly Sensitive Person*

- **Aron, E. N.** — *Psychotherapy and the Highly Sensitive Person*

Relationel heling & affektiv neurovidenskab

- **Stern, D. N.** — The Interpersonal World of the Infant
- **Stern, D. N.** — Forms of Vitality
- **Feldman, R.** — Parent —Infant Synchrony and the Construction of Shared Timing. Developmental Psychology.
- **Feldman, R. (2017)** — The Neurobiology of Human Attachments. *Trends in Cognitive Sciences*
- **Fonagy, P.** — Affect Regulation, Mentalization, and the Development of the Self
- **Panksepp, J.** — Affective Neuroscience: The Foundations of Human and Animal Emotions
- **Cozolino, L.** — The Neuroscience of Psychotherapy
- **Siegel, D. J.** — The Pocket Guide to Interpersonal Neurobiology

Forudsigende, hjerne og emotion

- **Barrett, L. F.** — How Emotions Are Made
- **Barrett, L. F.** — Seven and a Half Lessons About the Brain

- **Seth, A. K.** — artikler om Interoceptive Inference and the Emotional Brain
- **Friston, K.** — artikler om The Free-Energy Principle

Smerte

- **Butler, D., & Moseley, L.** — Explain Pain (2013)
- **Moseley, L. (2007)** — *Reconceptualising pain according to modern pain science. Physical Therapy Reviews.*
- **Woolf, C. J. (2011)** — *Central sensitization: Implications for the diagnosis and treatment of pain. Pain.*

Om forfatteren

Beritt Bie Lillethorup er psykoterapeut MPF med gestaltterapi som grunduddannelse og specialiseret i traumearbejde gennem Somatic Experiencing (SEP) og som certificeret NARM-terapeut. Hun er oprindeligt uddannet ergoterapeut og har gennem årene videreuddannet sig inden for mindfulness samt gennem kurser i Compassionate Inquiry.
Hendes faglige virke er båret af mange års erfaring med kropsorienteret traumeterapi og en grundlæggende interesse for, hvordan kroppen bærer erfaringer, der ikke altid kan rummes i ord. I sit arbejde er hun optaget af at skabe et trygt og respektfuldt rum, hvor forandring kan ske i et tempo, kroppen kan følge med i — uden pres og uden krav om at skulle præstere heling.
Beritt arbejder til daglig i BeritTerapi i Næstved, hvor hun møder mennesker med udviklingstraumer, belastningsreaktioner og relationelle sår. Hendes tilgang er nænsom, kropsforankret og relationel, med fokus på regulering, kontakt og gradvis integration.
Bogen udspringer af både hendes kliniske erfaring og hendes personlige optagethed af, hvordan heling begynder indefra, når kroppen bliver mødt med opmærksomhed og respekt.
Bogen udkommer også som e-bog og senere som lydbog indtalt af forfatteren.
Læs mere og find supplerende materiale på www.beritterapi.dk